駿台受験シリーズ

JN114697

スタートアップ

日本史

論述問題集

― 日本史探究のために ―

塚原哲也・高橋 哲　共著

駿台文庫

はじめに　－いつから論述対策を始めたらよいのか－

今から始めよう！

論述対策を始めるのに早すぎることはない。この問題集を手にした今日から始めよう。

論述対策を通して知識をインプットするのが基本！

論述問題を解くことは，自分がどれだけの知識・技能を持っているのかを試すアウトプットの作業ではない。教科書や参考書の説明を読み解き，理解を深め，それを通して知識をインプットしていく過程である。

つまり，論述対策を始めるのに，教科書をひと通り終えていなくても全く問題ない。知識が不完全な状態でも構わない。教科書や参考書を参照して調べながら論述対策を進め，それを通じて知識を増やし，さらに体系化していけばよいだけのことである。

論述対策は「日本史探究」のガイドとしても役立つ！

「日本史探究」の教科書には問いが掲載されている。問いに対し，仮説を立て，資料に基づいて探究するのが，「日本史探究」という科目の趣旨だからである。

したがって，大学入試の論述問題で取り上げられる問いとその解説は，「日本史探究」の授業のなかで扱われる問いに応えるための手がかりともなる。さらに，授業のなかで，疑問や引っかかりをもとに問いを立てる際の作法，いいかえれば歴史の見方・考え方を身につける手段となる。

つまり，論述対策は「日本史探究」のガイドとしても役に立つ。

そこで，この1冊！

論述問題には出題されやすいテーマがあり，それに対応した知識と作法がある。そこで，この問題集では，大学入試の過去問のなかから初歩的で，字数が短く（30～120字前後），ぜひとも取り組んでほしい論述問題を選び抜き，取りそろえた。やり切れれば，論述問題に対応できる基礎的な学力を身に付けることができる。

これらの問題の大半は，私たちが共同執筆に加わっている『日本史の論点－論述力を鍛えるトピック60－』（駿台文庫）で，テーマとして取り上げている。この問題集に取り組む際，合わせて読み込み，知識を整理し，増やすための手がかりとしてほしい。

塚原哲也（駿台予備学校日本史科講師）
髙橋　哲（渋谷教育学園幕張中学校・高等学校教諭）

論述問題に向き合う際の作法

論述問題がなぜ出題されるのか

「日本史探究」という科目では，思考力，判断力，表現力が重視されている。

　思考力：何を覚えているかではなく，何をどのように考えているのか
　判断力：問いや資料の性格・内容を正しく理解し，問いと適切に対話できているか
　表現力：自分の考えを文章化し，相手に的確に伝えることができているか

これらは，資料に基づき，問いと仮説を立てながら探究する力であり，大学に進学してからも求められる。そして，大学入試でこれらの学力を試すには，論述問題が最も適切な出題形式である。

聞かれたことに応える

論述問題に向き合う際の心得は，このひと言につきる。

では，聞かれたことに応えるには，どうすればよいのか。論述問題を解く際に必要な作業を順を追って確認しておこう。

1．聞かれていることを正確につかむ

聞かれたことを正確につかむため，次の2つの作業を行う。

　(1) 設問の要求を確認する　　　(2) 問いの型を読み取る

(1) 設問の要求を確認する

設問文を読み，問われていることがらを「**主題（時期・テーマ）**」と「**条件**」とに分けて書き出そう。主題が最低限，書かなければならないことがらで，条件はその際の制約であり，一方で解くためのヒントであることもある。

(2) 問いの型を読み取る

問いにはいくつかの型があり，**@内容の説明を求める，⑥相違を問う，©関連を問う**，の3つが基本的な型である。

@内容の説明を求める

すべての問いは内容説明ともいえるが，用語や出来事，政策，時代について内容を説明することが求められることがある。いわば定義を問うタイプである。「いつ，どこで，誰が，何を」したのかを考えれば十分なケースもあるが，**いくつかの観点（視点や立場）を立て，多面的・多角的に整理する必要がある場合が多い。**そうした場合，たとえば政治面，経済面，外交面，文化面など，いくつかにグルーピングして構成したい。「**内容説明**」型は多面的・多角的に整理して構成することが求められていると考えるとよい。

⑥相違を問う

何らかの共通点を持つ複数のことがらを対照し，相違を考える類型であり，**対比，特徴，推移・変化**の3つの型がある。

「対比」型が相違を問う基本的な形式で，答案をまとめる際には，相違点を対照させて並べて構成したい。たとえば，「守護はＡ，Ｂ，Ｃであり，戦国大名はＡ'，Ｂ'，Ｃ'である。」のような文章構成をとりたい。

　「特徴」型は，共通点のある「似た他者」を探し，それと対比して相違点を抜き出し，その相違点を説明することが求められている。特色，特質などの表現が使われることがあり，性格を問うものも「特徴」型の１つである。

　「推移・変化」型は，いくつかに時期を分け，時期ごとの特徴を説明することが求められている。書くべき時期が必ずしもあらかじめ決まっているのではなく，相違点に着目しながら時期を分けることが必要である。展開，過程，変遷，転換，発展，普及などの表現が使われることもある。

ⓒ関連を問う

　因果関係，相関関係，意義・役割の３つの型がある。

　「因果関係」型は，複数のことがらを原因・背景と結果・影響というつながりで説明することが求められている。理由も「因果関係」型の１つであるが，原因・背景だけでなく，目的・意図が問われている場合がある。設問文に応じて注意したい。

　「相関関係」型は，単に関係とだけ表現されることが多く，複数のことがらを互いに影響し合うものとして説明することが求められている。ことがら双方に視点を当てて説明することが必要である。たとえば，江戸幕府と朝廷の関係が問われた場合，江戸幕府の朝廷に対する政策を説明するのに留めるのではなく，「江戸幕府は朝廷に対して……といった政策をとった。一方，朝廷は幕府に対して……。」のような文章構成をとりたい。

　「意義・役割」型は，他との関係における価値・重要さを説明することが求められており，２つの類型がある。１つは歴史的意義を問うもので，推移・変化のなかでの価値・重要さ，つまり結果・影響を考えればよい。もう１つは，政治・社会の構造やしくみなど同時代のことがらとの関連において価値・重要さを問うものである。

２．メモを作成し，何を書くのかを判断する

　聞かれたことにはっきり応えるため，答案を書く前に必ずメモを作成する。その際に必要な作業は次の４つである。

⑴ 教科書や参考書を必ず参照する
⑵ 何を書くのか，何を書かないのかを考える
⑶ 伏線はすべて回収できているかを確認する
⑷ 字数を見積もる

⑴ 教科書や参考書を必ず参照する

　メモをつくる際には教科書，『日本史の論点』（駿台文庫）などの参考書を必ず参照し，調べながら知識を書き出す。

　「はじめに」でも述べたように，論述対策を通して知識をインプットするのが基本である。論述対策を進めるのに，教科書がひと通り終わっていなくても全く問題ない。知識が不完全な状態でも構わない。論述対策をしながら知識を増やし，さらに体系化していけばよい。

(2) 何を書くのか，何を書かないのかを考える

　論述問題は，聞かれたことに応えなければならない。設問で問われている時期・テーマに即して，求められていることだけを答案に書き込むことが必要である。覚えている知識をすべて書き込めばよいわけではない。何を書くのか，何を書かないのかを見極めなければならない。

　ⓐ 語句の定義を確認する

　　何を書くのかを考える際，設問文で使われている語句がどのような意味を持つのか，定義を考えたい。この時，以下の方法が有効である。

　　第一に，言い換えてみたい。同義語を思い浮かべてみるとよい。

　　第二に，抽象（トリの目）と具体（アリの目）という2つの視点を使い分けたい。**具体例（エグザンプル）**をまとめて**抽象化（ルール化）**したい。一方で，**抽象（ルール）**に当てはまる**具体例（エグザンプル）**は何かを探したい。

　　第三に，立場に目を配りたい。ものごとには立場により評価・意味が異なることがある。たとえば，支配者と民衆，中央と地方，日本と中国など，立場を変えて考察してみよう。

　ⓑ 論述する際の優先順位を考える

　　何を書かないのか，言い換えれば，自分が持っている知識のうち何を切り捨てるのか，優先順位を考える手がかりとなるのが問いの型である。

　　「内容説明」型であれば，いくつかの観点を立てたうえで，まとめと具体例を対応させて説明すること，「相違」型であれば，対照を意識し，相違点をはっきりさせること，「関連」型であれば，つながりを明確に意識すること，などと視点を定め，何を書くのか，書かないのかを分別したい。

　(3) 伏線はすべて回収できているかを確認する

　設問文や資料文に具体的な事例や西暦，元号を使った年代，人物，地名などが書かれている場合，なぜ書き込まれているのか，それらがないと設問が成り立たないのかどうかを考えたい。

　指定語句がある場合は，メモのなかにすべてを網羅できているか，確認したい。

　(4) 字数を見積もる

　問題で字数が指定されている場合，8割（たとえば100字なら80字以上）は書いておきたい。そこで，メモを見て，指定字数の8割を書けるかどうかを見積もってから，答案の作成に入りたい。

3．読み手に伝えることを意識して答案を書く

　大学入試では，後で答案の内容について説明・補足する機会は存在しない。したがって，読み手つまり採点者に対し，自分の思考・判断を文章だけで伝えなければならない。**書くことと伝わることは別である。**伝えることを意識して答案を書くことが必要である。

　そのためには，主述関係や修飾・被修飾の関係に十分注意することが大切である。何を主語として設定しているのかを常に意識し，主語と述語の関係がずれないようにしたい。長々とした表現で名詞（用語）を修飾すること（たとえば「モンゴル襲来によって経済的に苦しくなった御家人は…」など）は避け，主語と述語の形式に改めたい（たとえば「御家人はモンゴル襲来によって経済的に苦しくなり，…」など）。こうした点は，他人に指摘されないと気づかないことが多い。そのため，先生に添削してもらうとよいし，友人どうしで答案を読み合い，議論するのも有効である。

答案を書く際の注意事項 20

① 大学によって解答用紙が異なる。マス目がある場合，罫線だけが示されている場合，枠だけが示されている場合などがある。志望する大学でどのような解答用紙が用意されるのか，確認しておこう。

② 解答は1字下げしなくてよい。書き出しの1文字分を空白として2文字目から書き始める必要はない。

③ 欄外（マス目や罫線のないところ，枠の外側）には，句読点を含め，書いてはならない。

④ マス目がある場合，句読点（。，）にも必ず1マス使う。「なった。」や「なった。」と表記してはならない。

⑤ 数字や英語は1マスに2字まで入れる。たとえば，1974年は3マス分，GHQ や IMF は2マス分である。

⑥ 文体は「である」調で書く。

⑦ 理由を問う問題で，「…なため。」「…だから。」といった表現にこだわる必要はない。国語の試験とは異なる。

⑧ 体言止めや倒置法を使わない。大学入試の答案にレトリックは必要ない。

⑨ 話し言葉や若者言葉を使わない。たとえば，「やっぱり」「でも」「だが」「そんななか」「いまいち」「真逆」などは使わない。「声をかけれない」などのら抜き表現も使わない。

⑩ 形容詞・形容動詞を多用しない。たとえば，英語の very に相当する表現は使わない。

⑪ 答案のなかで人名を表記する場合，フルネームで書く（西洋人を除く）。たとえば，「信長」「秀吉」ではなく「織田信長」「豊臣秀吉」と書く。ただし，設問文にその人名が明記してあれば，織田信長→信長，伊藤博文首相→伊藤首相などと略してもよい。肩書や役職は，設問で求められない限り，書かなくてよい。

⑫ カッコ（「○○」）は使わない。教科書では，「鎖国令」「満洲国」「国連軍」などカッコ付きの表現が使われているが，指定語句でカッコ付きの表現が用いられている場合を除き，答案では使わない。ただし，書籍名の二重カッコ（『○○』），論文のタイトルや新聞・雑誌名のカッコ（「○○」）はその限りではない。

⑬ 略語は教科書での表記に従う。たとえば，内閣総理大臣→首相，インフレーション→インフレ，金輸出解禁→金解禁，軍備拡張→軍拡などは許容される。一方で，世紀を C，紀元前を B.C と略さない。

⑭ 設問文で「第1次大戦」「貞永式目」などと書かれている場合，わざわざ「第一次世界大戦」「御成敗式目」と書き直す必要はない。

⑮ 国名は，単独では「アメリカ」，「イギリス」などと表記し，並列の場合は「米英」でよい。

⑯ 「ヴェ」は「ベ」，「ヴィ」は「ビ」と書いてよい。たとえば，「ヴェルサイユ条約」「ソヴィエト」などは「ベルサイユ条約」「ソビエト」などと書いてよい。

⑰ 時期を示す際，原始・古代から近世であれば，基本的に，世紀を使う。たとえば，1601年〜1620年ごろなら「17世紀初め（初頭）」，1601年〜1650年なら「17世紀前半」，1640年ごろ〜1660年ごろなら「17世紀半ば」，1651年〜1700年なら「17世紀後半」，1680年代以降なら「17世紀末」と表記する。近現代の場合は，1860年代，1870年代など10年ごとの表記を使う方が時期をはっきり示すことができる。

⑱ 個別的な年代は，設問で求められていない限り，書かない。たとえば，平安京遷都の794年は8世紀末，承久の乱の1221年は13世紀前半といった形で示す。

⑲ 2文を接続する際，「また」「そして」「それから」という接続詞を安易に使わない。「また」などを使いたくなる時は，知っていることを単に羅列しているだけで，文どうしの関連や答案全体の構成を考えきれていないことが多い。

⑳ 答案を仕上げる際には，「は，が，も，こそ，すら」といった助詞の使い方にこだわってみたい。

目次

※問題はすべて過去の大学入試で出題されたものであり，出典をカッコ内に記しておいた。ただし，現在は論述問題が出題されなくなった大学も含まれている。また，書式や表記を統一するため，一部書き改めたところもある。

| 1講 | **黎明期の日本列島** |

問1　西暦紀元前一千年紀（紀元前 1000 年〜紀元前 1 年）における日本列島での生業（せいぎょう）の変化とそれにともなう社会の変化について，100 字程度で説明せよ。

（名古屋大）

　　ヒント；「生業」とは生活を成り立たせるための手段・仕事のことであり，そのことを意識しながら変化を説明したい。そして，変化とは時期による違いなので，ビフォアとアフターとで違いを表現したい。

問2　弥生時代と古墳時代の墓にみられる違いから，どのような政治的変化があったといえるか，100 字程度で説明せよ。　　　　　　　　　　（新潟大）

　　ヒント；それぞれの墓のどのような側面に注目すれば弥生時代と古墳時代との違いがわかるのか，まず，そこから考えたい。

	1回目	2回目
2講　原始から古代への時代の転換		

問1　倭の五王が中国に対して行ったこととその目的を，60字程度で説明せよ。

（東京都立大）

　　ヒント：目的については，倭の五王の時代が5世紀であることを考え，日本列島内や
　　　　　　朝鮮半島情勢に目配りしながら考えたい。

問2　古代日本社会が東アジアの先進的な文化を取り入れることができたのは，漢
　　字という伝達媒体があったからである。5世紀後半頃の日本において，漢字が
　　どのように導入され，また使用されていたのかについて，60字程度で説明せよ。

（北海道大）

　　ヒント：5世紀後半という時期に注意し，漢字の「導入」と「使用」という2つの観
　　　　　　点から説明したい。

3講　律令体制の形成

問1　都城制の特徴は，碁盤目状の条坊制を採用していることにあるが，それと同時に，天皇が居住する「宮」とともに，貴族・官人たちが居住する「京」=左・右京がつくられたことである。このことを参考にして，都城制が権力の中央集権化に果たした役割を，120字程度で説明せよ。　　　　　　　　　（東京学芸大）

　　ヒント：宮や京にそれぞれどのような施設・建物があるのかを確認したい。そのうえ
　　　　　　で，都城制が採用・整備された時期に政治では何が進められていたのか，都
　　　　　　城がなかった時代との違いを意識しながら考えたい。

問2　律令制では，官位相当制と呼ばれる原則が存在した。この原則の内容を25字程度で説明せよ。　　　　　　　　　　　　　　　　　　　（北海道大）

　　ヒント：まず「官位」とは何かを考えたうえで，次に何と何が「相当」しているのか
　　　　　　を明らかにしたい。

問3　国司と郡司の任命のあり方の違いを明らかにしながら，律令国家における地方支配の特質を60字程度で説明せよ。　　　　　　　　　　　（東京学芸大）

　　ヒント：律令国家のもとではすべての官職は天皇によって任命される点で共通してい
　　　　　　る。では，この共通点のもとで国司と郡司とでは「任命のあり方」の何が異
　　　　　　なるのか，考えたい。

問4　律令国家における人々の支配方法と課税方法の特徴について，80字程度で説明せよ。　　　　　　　　　　　　　　　　　　　　　　　（法政大）

　　ヒント：「特徴」は他と対比した時にピックアップできる違いである。律令国家での
　　　　　　あり方を前後の時代と対比してみよう。

律令体制の再編と変容

1回目	2回目

問1　律令国家において律令だけでなく格式も編纂(へんさん)された理由を，100字程度で
　　　説明せよ。　　　　　　　　　　　　　　　　　　　　　　　（東京学芸大）

　　ヒント：「格」や「式」がそれぞれ何かを明らかにしたうえで，それらを法典として
　　　　　　まとめることが政治にとってどのような役割を果たすかを考えたい。

問2　摂関政治期における，摂政と関白の共通点と相違点を60字程度で説明せよ。
　　　　　　　　　　　　　　　　　　　　　　　　　　　　　　　（東京大）

　　ヒント：摂政・関白をまずは官職として考え，共通点と相違点を探してみよう。摂政・
　　　　　　関白に就任した人物については，その次に考えたい。

問3　律令制本来の国司とは区別された受領の特徴について，50字程度で説明せ
　　　よ。　　　　　　　　　　　　　　　　　　　　　　　　　（東京都立大）

　　ヒント：「特徴」が問われ，対比する対象が指定されている。したがって，律令で規
　　　　　　定された国司と9世紀末以降に登場する受領とを対比して考えたい。

問4　平安時代中期，国司による地方支配の基本となる課税方式は，律令制支配の
　　　原則から大きく変化した。どのように変化したのか，50字程度で説明せよ。
　　　　　　　　　　　　　　　　　　　　　　　　　　　　　　（東京都立大）

　　ヒント：「変化」が問われているのでビフォアとアフターでの違いを考えたい。その際，
　　　　　　主な課税対象がどのように異なるのかに，まずは焦点を当てたい。

	1回目	2回目

問1　8世紀の当時，どのような隣国観（りんごくかん）が古代日本国家のなかでつくりあげられていたのか，80字程度で説明せよ。　　　　　　　　　　　　　（北海道大）

　　ヒント：「隣国」とは具体的にどのような国々があったのか，そして，それらの国々を日本がどのように見て，どのように扱っていたのかを考えたい。

問2　10世紀以降における日本の対外関係について，8世紀のあり方と比較しながら90字程度で説明せよ。　　　　　　　　　　　　　　　　　（名古屋大）

　　ヒント：比較・対比が求められているので，共通点や類似点をふまえたうえで何と何を対照させるのかを意識したい。

問1 6世紀末から7世紀初めころ，当時の人々にとって仏教はどのようなものとして受けとめられ，仏教を信仰した豪族たちはどのような文化的行動を示したのか，40字程度で説明せよ。 （北海道大）

ヒント：「6世紀末から7世紀初めころ」という時期を手がかりに，豪族たちの文化的行動を具体的に考えたい。

問2 奈良時代に仏教芸術が栄えた背景として，当時の政権がとった仏教保護政策があげられる。なぜ仏教が保護されたのか，具体的にはどのようなことが行われたのか。当時の政治的状況をふまえて120字程度で説明せよ。

（東京都立大）

ヒント：まず，奈良時代のなかでも特にどの時期に焦点を当てるのか，考えたい。

問3 なぜ，9世紀と10世紀とでは，全く異なる形態の詩歌を集めた勅撰集が編集されることになったのか。その過程にはさまざまな要因が想定されているが，ここではそれを，日本を取りまく国際関係の推移と関連させて140字程度で説明せよ。 （愛知教育大）

ヒント：「日本を取りまく国際関係」については，中国など東アジア世界がどういう情勢のもとにあったかを対比して考えたい。

問4 浄土教について，第1に，浄土教とはどのような教えであったか，第2に，浄土教の流行の要因としての，布教者の活動および仏教における歴史観を，100字程度で説明せよ。 （中央大）

ヒント：浄土教が平安時代中期以降，広まったことを念頭におきながら「流行の要因」を考えたい。また，「仏教における歴史観」については歴史用語を書くだけで終わらせないようにしたい。

7講　古代から中世への時代の転換

問1　後三条天皇が出した延久の荘園整理令について，80字程度で説明せよ。

（津田塾大）

　　　ヒント：語句の説明が問われた時は，いつ，どこで，誰が，何をしたかを説明し，そ
　　　　　　のうえで，背景や影響のいずれか，あるいは両方を説明したい。ただし，こ
　　　　　　の問題では「後三条天皇が出した」とあるので，「いつ」「誰が」についてあ
　　　　　　えて説明する必要はない。

問2　白河上皇に始まる平安時代後期の院政について，次の語句を使用して90字
　　　程度で説明せよ。（院庁　荘園　受領　北面の武士）　　　　　（福島大）

　　　ヒント：まず，院政とはどのような政治のあり方なのかを説明し，そのうえで，院政
　　　　　　を支えた要素をいくつかの観点から説明したい。

問3　院政期以後に成立する中世荘園の景観はどのようなものか，具体的に60字
　　　程度で説明せよ。　　　　　　　　　　　　　　　　　　　　　（和歌山大）

　　　ヒント：「中世荘園」という表現は見慣れないかもしれない。しかし院政期が中世の
　　　　　　始まりであることを考え，院政期，とりわけ鳥羽院政期に成立し，広がった
　　　　　　荘園を思い浮かべればよい。また，「景観」が問われたら，どのような全体
　　　　　　像が俯瞰できるのかを説明すればよい。

8 講	**武家政権の成立と展開**	1回目	2回目

問1 源頼朝と御家人との主従関係における御恩と奉公について，それぞれの内容を80字程度で説明せよ。 　　　　　　　　　　　　　　　　　　　（津田塾大）

　　ヒント：歴史用語を書いて済ますのではなく，内容を説明したい。

問2 鎌倉幕府のもとで荘園や公領に設置された地頭は，下司や公文などと同じ荘官の一種と見なすこともできるが，任免手続きに大きな違いがあった。その違いを40字程度で説明せよ。 　　　　　　　　　　　　　　　　（北海道大）

　　ヒント：「任免」とは「任じること（任命）」と「辞めさせること（罷免）」である。誰が「任免」の最終的な権限を持っていたのかを対比したい。

問3 鎌倉時代における公武の二元的な支配の具体的な内容を，次の語句を使用して100字程度で説明せよ。（国衙　荘園領主　朝廷） 　　　　（信州大）

　　ヒント：「公武」とは，朝廷など公家政権（公家勢力）と鎌倉幕府という武家政権（武家勢力）を指す。

問4 鎌倉幕府では，承久の乱後には将軍を中心とする独裁政治とは別の政治体制が整った。その政治のしくみについて70字程度で説明せよ。 　　（名古屋大）

　　ヒント：「将軍を中心とする独裁政治」と異なる政治体制とは，誰を中心とする，どのような政治のしくみなのか。役職とそこに就任する人々の両面に目配りしながら説明したい。

9講　地域権力の成長と社会の変容

問1　半済令が守護にどのような変化をもたらしたかについて，60字程度で説明せよ。
（明治学院大）

　　ヒント：「変化」とは時期による違いだから、ビフォアとアフターとで違いを表現したい。

問2　鎌倉府について説明せよ。それが，どのような役職者により構成され，室町幕府とはどのような関係にあったか，実際の政治動向と関連させながら，100字程度で説明せよ。
（名古屋大）

　　ヒント：「関係」をいくつかの観点から考えたい。

問3　戦国大名が喧嘩両成敗の法を制定した目的について，75字程度で説明せよ。
（信州大）

　　ヒント：内容についての説明は求められていない。目的をいくつかの観点から考えたい。

1回目	2回目

問1　中世において荘園制が流通経済の発展におよぼした影響を，100字程度で説明せよ。　　　　　　　　　　　　　　　　　　　　　（慶應義塾大）

　　ヒント：荘園領主のもとに各地の荘園から生産物がどのようにして運ばれたのか，変化も含めて考えたい。

問2　室町・戦国時代にはどのような貨幣が使用され，またそれにはどのような弊害があったか，50字程度で説明せよ。　　　　　　　　　　　　　（北海道大）

　　ヒント：貨幣使用の実態と弊害とを関連づけて表現したい。

問3　正長の土一揆が起こる背景となった社会状況と，その目的について，100字程度で説明せよ。　　　　　　　　　　　　　　　　　　　　　　（福井大）

　　ヒント：「社会状況」については，土一揆に参加した人々を，何パターンか思い浮かべたうえ，それらの人々（とその生活・生業^{せいぎょう}）がどのような状況にあったのかを考えるとよい。

11 講　中世後期の対外関係

問1　足利義満は 1401 年に明へ使者を派遣して正式に国交を開き，新たな形式による貿易を開始した。それはどのような目的・意図により，どのような形式で行われたか，80 字程度で説明せよ。　　　　　　　　　　　　　（東京都立大）

　　ヒント：目的・意図をいくつかの観点から考えたい。

問2　15 世紀における琉球貿易の形態を，中国の対外政策をふまえて 100 字程度で説明せよ。　　　　　　　　　　　　　　　　　　　　　　　　　　（名古屋大）

　　ヒント：「中国の対外政策をふまえる」ことは，中国の対外政策を根拠・前提とすること，判断のよりどころとすることである。

12講	中世の文化とその変容

問1　なぜ天台宗や真言宗が「中世仏教の主流派」といえるのか，60字程度で説明せよ。　　　　　　　　　　　　　　　　　　　　　　　　　（北海道大）

　　ヒント：「主流派」であることは，政治・社会のなかで大きな影響力を持つことを意味する。このことを，いくつかの観点から，具体的に考えたい。

問2　15世紀前半における日本文化の特徴を，中国との関わりに注目し，次の語句を使用して100字程度で説明せよ。（水墨画　五山　絶海中津）
　　　　　　　　　　　　　　　　　　　　　　　　　　　　（東京外国語大）

　　ヒント：「特徴」が問われたら他との違いを考える。この場合は，以前，たとえば鎌倉時代と対比しながら特徴を考えたい。

問1　年貢徴収のしくみという観点から見た太閤検地の画期性を60字程度で説明
　　せよ。　　　　　　　　　　　　　　　　　　　　　　　　　　　（慶應義塾大）

　　ヒント：「画期」とは，これまでになかったことが開始・実現し，新しい時代に入っ
　　　　　　たという印象を与える区切りである。したがって，太閤検地の新しさを考え
　　　　　　たい。

問2　武士どうしの主従関係において，石高はいかなる役割を果たしていたか，
　　40字程度で説明せよ。　　　　　　　　　　　　　　　　　　　　（東京都立大）

　　ヒント：主従関係は主人と従者の間での関係なので，主人と従者の双方に目配りした
　　　　　　い。

問3　刀狩令によって地域社会がどのように変わったかに注目しながら，刀狩令の
　　持つ歴史上の意義について，60字程度で説明せよ。　　　　　　　（和歌山大）

　　ヒント：「（歴史上の）意義」を考えるときは，刀狩令によってどのような変化が生じ
　　　　　　たのか，何が実現したのかに注目したい。

問4　パテレン追放令の発布の翌年に実施された貿易に関する諸政策について，次
　　の語句を使用して80字程度で説明せよ。（イエズス会　長崎　海賊）
　　　　　　　　　　　　　　　　　　　　　　　　　　　　　　　　（慶應義塾大）
　　ヒント：パテレン追放令ではなく「貿易に関する諸政策」について問われていること
　　　　　　に注意したい。

| 14講 | **幕藩体制の形成** |

問1　なぜ江戸時代の藩主たちは，江戸を中心とした生活を送ることになったのであろうか。江戸幕府の法令・制度に基づいて，考えられる理由を 90 字程度で説明せよ。　　　　　　　　　　　　　　　　　　　　　　　　（九州大）

　　ヒント：理由は 1 つだけだろうか。いくつかの観点から考えたい。

問2　朝廷（天皇）の勅許よりも幕府（将軍）の法度が優先することが示された事件として紫衣事件がある。この事件について 70 字程度で説明せよ。（九州大）

　　ヒント：「幕府（将軍）の法度」「朝廷（天皇）の勅許」とは何を指すのか。具体的に考えたい。

問3　殉死の禁止は，間接的に下剋上を否定する政策の一環でもあった。殉死の禁止が下剋上の否定となる理由を 100 字程度で説明せよ。　　　　（北海道大）

　　ヒント：殉死とは何か，定義を確認してみよう。そのうえで，殉死する動機と下剋上という行為を対照させて考えたい。

15 講　鎖国制の形成

問1　17 〜 18 世紀における長崎口とそれ以外の対馬・鹿児島・松前の３つの口との間にみられる幕府の管理政策上の相違点について，50 字程度で説明せよ。
（慶應義塾大）

　　ヒント：「幕府の管理政策」と書かれているが，幕府は何を，どのように管理したのだろうか。

問2　江戸時代，琉球から幕府に派遣された使節が異国風を強調した装いであったことの意味について，考えられるところを 70 字程度で説明せよ。（名古屋大）

　　ヒント：誰にとっての意味が問われているのだろうか。いくつかの立場・視点から考えたい。

問3　島原の乱後，江戸幕府が仏教寺院を利用してキリスト教の根絶を図った制度を 80 字程度で説明せよ。
（愛知教育大）

　　ヒント：「キリスト教の根絶」を「キリスト教徒が（表立って）存在しない状態を実現すること」と言い換えて考えたい。

		1回目	2回目
16 講	**江戸時代の村と百姓**		

問1　近世における百姓と農民の重ならない点（不一致点）を２つあげて，百姓と
　　　農民の関係について 100 字程度で説明せよ。　　　　　　　　　　　（一橋大）

　　　ヒント：百姓とは何か，農民とは何か。まずそれぞれの定義を確認したい。

問2　近世には農業技術の面でも，その時代の農民経営にふさわしい技術発展がみ
　　　られた。このことを，田畑を耕す農具（耕作具）を例にあげながら，具体的に
　　　70 字程度で説明せよ。　　　　　　　　　　　　　　　　　　　　（一橋大）

　　　ヒント：江戸時代に新しく考案された農具がどのような用途をもち，農民にとってど
　　　　　　　のように役立ったのかを考えたい。

1回目	2回目

問1　江戸時代の大坂に大量の米が運び込まれた理由を，次の語句を使用して120字程度で説明せよ。（江戸　大坂　蔵元　参勤交代　年貢米）　（千葉大）

　　ヒント：誰が大量の米を大坂に運び込んだのかを確認したい。

問2　江戸時代，金貨と銀貨は地域によって使われ方が異なっていた。どのように異なっていたか，30字程度で説明せよ。　（新潟大）

　　ヒント：使われた地域に注目したい。

問3　18世紀以降，商人が組合をつくり，それによって利益独占を図ることを幕府が公認したのは何のためか。その目的を2つあげ，合わせて40字程度で説明せよ。　（埼玉大）

　　ヒント：おもに享保の改革と田沼政治が該当する。それぞれに注目して目的を考えたい。

18講　幕藩体制の変容

問1　江戸幕府の幕政改革では農村の復興をめざす政策が複数みられる。そうした政策が行われた理由について100字程度で説明せよ。　　　　（東京都立大）

　　ヒント：おもに寛政の改革が該当する。農村が幕府にとってどのような意義を持つのかを考え，いくつかの観点から説明したい。

問2　天明の飢饉の影響により江戸で起きた社会問題に対して，老中松平定信が江戸を対象に行った政策を，次の語句を使用して100字程度で説明せよ。
（旧里帰農令　七分積金　打ちこわし）　　　　　　　　　　（東京外国語大）

　　ヒント：まず社会問題が何かを考えたい。そのうえで，その社会問題の再発をどのように防止しようとしたのか，いくつかの観点から考えたい。

問3　天保の改革で幕府は高騰する物価対策として株仲間を解散したにもかかわらず，この政策が見直され，独占性を弱めた株仲間の再興が企てられた理由を60字程度で説明せよ。　　　　　　　　　　　　　　　　　　　　　（九州大）

　　ヒント：株仲間が流通においてどのような役割を果たしていたのかを考えたい。

問4　アヘン戦争が幕府の対外政策に与えた影響について80字程度で説明せよ。
　　　　　　　　　　　　　　　　　　　　　　　　　　　　　　　（名古屋大）

　　ヒント：アヘン戦争が江戸幕府にどのようなインパクトを与えたのかを考えたい。

近世の文化とその変容

1回目	2回目

問1 室町時代から江戸時代初期にかけての儒学（儒教）について，次の語句を使用して100字程度で説明せよ。（禅僧　朱子学　林羅山）　　　（聖心女子大）

ヒント：儒教（儒学）が誰に受容されたのかに注目したい。

問2 元禄期になると文化を享受（きょうじゅ）する人々が増大し，都市民に広く受け入れられる表現形式が発展した。具体的な例をあげ，人気を博した理由について100字程度で説明せよ。　　　（名古屋大）

ヒント：表現形式という言葉を自分なりに言い換え，吟味しながら考えたい。

問3 江戸時代における寺子屋の教育について，藩校と対比させて，その内容を100字程度で説明せよ。　　　（一橋大）

ヒント：誰が，誰を対象として設立し，そこではどのような内容の教育が行われたのかに注目したい。

問4 浮世絵は，元禄期に登場しつつも，やや形態や機能を変えながら文化文政期を代表する絵画となった。ところが，それが「文化文政期を代表する絵画」でありながらも，現実にはくしゃくしゃに丸められたり，四つ折りになった状態で見出されたりすることが少なくない。なぜだろうか。安土桃山～寛永期を代表する絵画と対照させながら，80字程度で説明せよ。　　　（名古屋大）

ヒント：それぞれの絵画が何を使って，何に描かれているのかに注目したい。

20 講	**近世から近代への時代の転換**	1回目	2回目

問1　江戸幕府が1858（安政5）年に調印した日米修好通商条約は，不平等条約であった。いかなる意味で不平等なのかを40字程度で説明せよ。

（東京都立大）

　　ヒント：不平等な点をいくつか，具体的に考えたい。

問2　幕末の開港後には，幕府が貨幣を改鋳したこともあって物価が上昇したが，結果的に物価を上昇させるような改鋳を幕府が行った理由を70字程度で説明せよ。

（慶應義塾大）

　　ヒント：幕末期の貨幣改鋳とは具体的にどのような政策をさすのかを考えたい。

問3　幕府が五品江戸廻送令を出した意図について70字程度で説明せよ。

（津田塾大）

　　ヒント：五品江戸廻送令が何を背景とした，どのような政策なのかを考え，そのうえで意図を複数考えたい。

21 講　明治維新

問1　廃藩置県の意義を，50字程度で説明せよ。　　　　　　　　（津田塾大）

　　ヒント：「意義」が問われたら，歴史的な変化，もしくは同時代の構造との関係のな
　　　　　　かで果たした役割，持つ重要さを考えたい。この設問では，歴史的な変化と
　　　　　　の関係に注目したい。

問2　地租改正は，どのような土地制度の改革であったか。次の語句を使用して
　　　100字程度で説明せよ。（土地所有権　地租　金納　地主）　　　（名古屋大）

　　ヒント：地租改正は租税制度と土地制度の2つを対象とした改革である。そのうち，
　　　　　　土地制度に関してのみ問われている点に注意したい。

問3　明治期，暦に関しては，新しい太陽暦と並行して従来の太陰太陽暦が併用さ
　　　れた。どうしてこのようなことが生じていたのか，当時の国内の生活事情をふ
　　　まえて100字程度で説明せよ。　　　　　　　　　　　　　　　（福井大）

　　ヒント：新しい太陽暦と従来の太陰太陽暦は，それぞれ誰が，生活のどのような場面
　　　　　　で使っていたのかを考えたい。

22講　立憲体制の形成

問1　国会開設の勅諭は，どのような政治闘争の帰結として公布されたのか，90
字程度で説明せよ。　　　　　　　　　　　　　　　　　　　　　（名古屋大）

　　ヒント：出されるきっかけとなった政治的な出来事を具体的に思い浮かべたい。

問2　大日本帝国憲法のもとでは，内閣や閣僚は誰に対して，どのような形で責任
を負うのか，30字程度で説明せよ。　　　　　　　　　　　　　　（津田塾大）

　　ヒント：「内閣」や「閣僚」の双方に注目するのか，それとも片方だけでもよいのか
　　　　　を考えたい。

問3　大日本帝国憲法の条文にみられる，人権保障を含む民主主義的要素について，
100字程度で説明せよ。　　　　　　　　　　　　　　　　　　　（慶應義塾大）

　　ヒント：「人権保障」を含め，少なくとも2つ以上の観点を立てて，多面的に考えたい。

問4　1886年に学校令が出されたころから明治末年に至る，学校教育の普及につ
いて，70字程度で説明せよ。　　　　　　　　　　　　　　　　　（名古屋大）

　　ヒント：「学校」はいくつかの段階・種別がある。明治期において「普及」したもの
　　　　　はどれかを考え，焦点をしぼり込みたい。

23講　明治期の対外関係

問1　琉球が沖縄県として日本の領土に組み込まれた経緯を 1871（明治4）年以降について 100 字程度で説明せよ。　　　　　　　　　　　　　　（慶應義塾大）

　　ヒント：江戸時代，琉球がどのような国際関係のもとにおかれていたのかを考えながら説明したい。

問2　甲申事変の処理として日清間で天津条約が結ばれて以降の，朝鮮をめぐる日清両国の力関係について 80 字程度で説明せよ。　　　　　　　　　（東京都立大）

　　ヒント：朝鮮をめぐる日清両国の対立がいつ決着するのかを考え，天津条約締結からその時点に至る経緯を説明したい。

問3　1894 年，イギリスはなぜ日本と日英通商航海条約を締結することになったのか，その理由を 70 字程度で説明せよ。　　　　　　　　　　　　　（名古屋大）

　　ヒント：イギリスは 1880 年代における条約改正交渉で最大の難関であったものの，1890 年代に大きく変化した。イギリスと日本をめぐって何が変化したのか，多面的に考えたい。

問4　日露戦争の講和条約調印後から韓国併合までの経過について，次の語群から必要な語句を4つ選んで 100 字程度で説明せよ。
（義兵運動　第1次日韓協約　第2次日韓協約　第3次日韓協約　日韓基本条約
ハーグ密使事件　閔妃殺害事件）　　　　　　　　　　　　　　　（慶應義塾大）

　　ヒント：対象となっている時期をはっきり確認したうえで用語を選択したい。

24講　資本主義経済の発展

問1　1881（明治14）年に大蔵卿に就任した松方正義は，松方財政と呼ばれる一
連の財政改革を実施した。松方財政によって，貨幣制度確立に必要な日本銀行
券発行のための条件はどのように整備されていったのかを100字程度で説明
せよ。　　　　　　　　　　　　　　　　　　　　　　　　　　　　　（慶應義塾大）

　　ヒント：松方財政の背景は何か，日本銀行券はそれまでの紙幣と違ってどのような特
　　　　　　徴を持っていたのか，という観点から考えたい。

問2　産業革命のなかでの技術革新の具体的な内容を，製糸業，綿糸紡績業それぞ
れについて120字程度で説明せよ。　　　　　　　　　　　　　　　　　（一橋大）

　　ヒント：技術革新が問われているので，動力源など技術がどのように革新・変化した
　　　　　　のか，ビフォアとアフターとに注目したい。

問3　1897年，欧米諸国にならって金本位制に移行した場合に予想されたメリッ
トは何か，40字程度で説明せよ。　　　　　　　　　　　　　　　　　（早稲田大）

　　ヒント：日本はそれまで銀本位制であったが，銀本位制と金本位制のどこが異なるの
　　　　　　かにまず注目したい。そのうえで，メリットを複数考えたい。

問4　産業革命の進展により，多くの労働者が農村から供給された。それらの労働
者は主にどのような業種に供給されたかを説明せよ。また，その労働者の特徴
について，性別・階層と関連させて70字程度で説明せよ。　　　　　（名古屋大）

　　ヒント：産業革命が進展した日清・日露戦争前後は，どのような産業が成長し，それ
　　　　　　らの産業では男性・女性いずれの労働者が多かったのかを，まず考えたい。

問1　日露戦争後から第 1 次世界大戦に至る時期に，日本が中国において獲得した，もしくは獲得しようとした権益について 100 字程度で説明せよ。（名古屋大）

　　ヒント：日本はさまざまに領土・権益を拡大したが，ここでは「中国において」との限定がついている点に注意したい。

問2　日本国憲法第 9 条で定められている戦争の放棄という基本原則は，戦前の多国間条約に源流の 1 つがあった。その多国間条約の名称をあげ，成立の背景および内容について 100 字程度で説明せよ。　　　　　　　　　（一橋大）

　　ヒント：戦争放棄を定めた多国間条約は 1920 年代に締結された。1920 年代がどのような時代であったのか，考えたい。

問3　第 1 次世界大戦の勃発は，不況におちいっていた日本経済に大きな変化をもたらした。どのような変化がもたらされたのか，具体的に 30 字程度で説明せよ。　　　　　　　　　　　　　　　　　　　（産業能率大）

　　ヒント：経済構造の変化に注目したい。

問4　1920 年代の都市部では，どのような生活様式の変化がみられたか，50 字程度で説明せよ。　　　　　　　　　　　　　　　　　　　　（新潟大）

　　ヒント：生活様式とは，共通してみられる生活の送り方，ライフスタイルを指す。それ以前との違いも念頭におきながら考えたい。

	1回目	2回目

問1　政党の協力をとりつけることは，政府にとっても必要なことであった。その理由を，大日本帝国憲法で規定された内閣と議会の関係をふまえて40字程度で説明せよ。　　　　　　　　　　　　　　　　　　　　　　　　（埼玉大）

　　ヒント：議会（帝国議会）は国政においてどのような役割を果たしたのか，政党と議会との関係はどのようなものだったのか，の2点に注目したい。

問2　軍部大臣現役武官制とはどのような制度か，それは，いつ，どの内閣のもとでどのような目的を持って法制化されたか，120字程度で説明せよ。（成城大）

　　ヒント：目的をはっきりさせるには，背景も合わせて説明するとよい。

問3　大日本帝国憲法の時代の内閣総理大臣で，国政選挙で国民から選ばれて議員になった経歴を持つ者は，原敬，高橋是清，加藤高明，犬養毅，浜口雄幸などわずかであった。その理由を100字程度で説明せよ。　　　　　　　（千葉大）

　　ヒント：日本国憲法では，内閣総理大臣は国会議員のなかから選ばれ，国会がその議決に基づいて指名すると定められているが，大日本帝国憲法ではどのように規定されていたのか。まず，その点に注目したい。

問4　五・一五事件は護憲三派内閣の成立から続いてきた日本の内閣のあり方に変化をもたらした。その変化はどのようなものか，40字程度で説明せよ。

　　　　　　　　　　　　　　　　　　　　　　　　　　　　　　　（新潟大）

　　ヒント：「護憲三派内閣の成立から続いてきた日本の内閣のあり方」とはどのようなものかを考えたい。

27講　恐慌と国際関係の変容

問1　金解禁（金輸出解禁）の実施は，何をねらいとしていたかを 60 字程度で説
　　　明せよ。　　　　　　　　　　　　　　　　　　　　　　　　　　（明治学院大）

　　　ヒント：金輸出解禁とは金輸出の禁止を解除することである。金輸出が自由な状態だ
　　　　　　　と何が起こるのだろうか。そのことと当時の日本経済の実情や貿易収支とを
　　　　　　　関連づけて考えたい。

問2　高橋是清蔵相が通貨制度に対してとった措置とその経済効果について，次の
　　　語句を使用して 40 字程度で説明せよ。（輸出　円為替　金輸出）　（早稲田大）

　　　ヒント：犬養内閣の高橋蔵相がとった措置は，貿易と国内経済に効果をもたらした。
　　　　　　　ここではどちらに焦点が当たっているのかを考えたい。

問3　1930 年代，日本が国際連盟を脱退した理由を 40 字程度で説明せよ。
　　　　　　　　　　　　　　　　　　　　　　　　　　　　　　　　　（北海道大）

　　　ヒント：日本と国際連盟が何をめぐって対立したのかを考えたい。

28 講	日中戦争から第2次世界大戦へ

問1　東亜新秩序建設の理念と実態について，次の語句を使用して120字程度で
　　　説明せよ。（汪兆銘　蔣介石　防共）　　　　　　　　　　　　　　（慶應義塾大）

　　　ヒント：どのような情勢のなかで「東亜新秩序」建設がかかげられたのかを考え，そ
　　　　　　　のうえで理念と実態とを考えたい。

問2　ヨーロッパでドイツが近隣諸国を制圧すると，日本は東南アジアのある地域
　　　に軍を進めたが，このときの日本軍の派遣は，当時アメリカやイギリスなど
　　　が行っていた，ある政府（政権）に対する支援活動に対抗する目的もあった。
　　　その支援活動が行われた背景と日本軍派遣の目的について80字程度で説明せ
　　　よ。　　　　　　　　　　　　　　　　　　　　　　　　　　　　　（東京都立大）

　　　ヒント：日本軍派遣の目的については「ある政府（政権）に対する支援活動に対抗す
　　　　　　　る目的もあった」と書かれている点に注意したい。他にも目的があることに
　　　　　　　気づきたい。

問3　新体制運動を進めた近衛文麿は，当初の計画を大幅に変更したうえで大政翼
　　　賛会を設立したようである。実際の大政翼賛会とはどのようなものであったか，
　　　100字程度で説明せよ。　　　　　　　　　　　　　　　　　　　　（北海道大）

　　　ヒント：「当初の計画」を念頭におきながら，大政翼賛会がどのような組織だったのか，
　　　　　　　どのような役割を果たしたのかを確認したい。

1回目	2回目

問1　大日本帝国憲法下の帝国議会には認められていなかった権限で，日本国憲法により国会に認められた主要な権限を，2点あげて30字程度で説明せよ。

（東京大）

　　ヒント：日本国憲法では国会が「国権の最高機関」であり「主権を持つ国民の代表」であると位置づけられたことに注目したい。

問2　1947年，第2次世界大戦後の戦後改革の一環として制定された法律で示された教育理念の内容について，戦前の教育理念と対比しながら70字程度で説明せよ。

（慶應義塾大）

　　ヒント：それぞれの時期において教育理念を示した文書・法令が何かを考え，両者の違いを対照的に表現したい。

30 講　国際社会への復帰

問1　サンフランシスコ平和条約と日米安全保障条約が同時に締結された背景について，100 字程度で説明せよ。　　　　　　　　　　　　　　　　　（東京学芸大）

　　ヒント：それぞれの条約がどのような内容を持つのかを確認したうえで，両条約の締
　　　　　　結を推進したのがアメリカであることを念頭におきながら背景を考えたい。

問2　「55 年体制」とは何か。次の語句を使用して 65 字程度で説明せよ。
　　（約三分の二　日本社会党　保革対立）　　　　　　　　　　　　　（神戸市外国語大）

　　ヒント：「保革対立」という指定語句を手がかりに考えるとよい。どのような勢力が
　　　　　　どのような形で対立していたのか，具体的に考えたい。

問3　日本の国連加盟が国連総会で認められた背景にある，サンフランシスコ平和
　　条約以後の日本の外交関係の変化について 90 字程度で説明せよ。
　　　　　　　　　　　　　　　　　　　　　　　　　　　　　　　　（慶應義塾大）

　　ヒント：日本の「外交政策」ではなく「外交関係」の変化が問われている点に注意し
　　　　　　たい。日本をとりまく国際環境・国際情勢を考えたい。

1回目	2回目

問1　日米安全保障条約は 1960 年に改定された。主な修正点を 80 字程度で説明せよ。　　　　　　　　　　　　　　　　　　　　　　　　　　　（北海道大）

　　ヒント：旧安全保障条約と新安全保障条約の内容を対比したい。

問2　佐藤栄作内閣のもとで沖縄の地位はどのように変化したのか，35 字程度で説明せよ。　　　　　　　　　　　　　　　　　　　　　　　　　　　（名古屋大）

　　ヒント：変化が問われているので，ビフォアとアフターとを対比したい。

32 講　高度経済成長

問1　日本経済は 1955 〜 73（昭和 30 〜 48）年の間に年平均で 10％を超える
　　高度成長を実現した。この過程で日本の産業構造はどのように変化したか，
　　50 字程度で説明せよ。　　　　　　　　　　　　　　　　　　　（明治大）

　　　ヒント：産業構造とはさまざまな産業部門どうしの比重・関係を表すが，高度経済成
　　　　　　　長期については，どのような産業の区切り方をするとよいかを考えたい。

問2　高度経済成長期におけるエネルギー産業をめぐる状況を，次の語句を使用し
　　て 80 字程度で説明せよ。（解雇　エネルギー革命　三池争議　斜陽化　閉山）
　　　　　　　　　　　　　　　　　　　　　　　　　　　　　　　（早稲田大）

　　　ヒント：高度経済成長期にエネルギー資源がどのように変化したのか，それがエネル
　　　　　　　ギー産業にどのような影響をおよぼしたのかを考えたい。

問3　1970 年代前半は労働争議が頻発した。その理由を，当時の経済状況という
　　観点から 80 字程度で説明せよ。　　　　　　　　　　　　　　（名古屋大）

　　　ヒント：労働争議は何を目的として行われるのかを考えたい。

	1回目	2回目
33 講　現代の日本		

問1　石油危機後，日本は大幅な貿易収支の黒字が続き，外国との間で貿易摩擦が発生し，そうした状況に対して 1985 年，為替レートを協調介入して調整する国際的な合意（プラザ合意）がなされた。この合意ののち日本経済は大きく変貌したが，その経済状況の変貌の様子を 80 字程度で説明せよ。　（名古屋大）

ヒント：まず，プラザ合意では何が合意されたのかを確認したい。そのうえで，その合意によって日本経済がどのような影響を受けたのかを考えたい。

問2　政府の不祥事は，しばしば内閣の退陣につながってきた。1980 年代から 1990 年代には，政官財の癒着として問題となった事件が相次ぎ，非自民連立内閣の成立をもたらすことにつながった。これについて，それらの事件の具体的な例と，成立した非自民連立内閣の概要を示しながら，120 字程度で説明せよ。（ただし，説明にあたっての内閣名は首相の名前を用いて示すこと。）

（慶應義塾大）

ヒント：まず，退陣した内閣と非自民連立内閣がそれぞれ何内閣なのかを確認したい。そのうえで，どのような出来事が内閣の交代につながったのか，政官財の癒着事件も含めて考えたい。

解 説
・
解答例

問1　縄文文化から弥生文化への変化

> **設問の要求**
> 　時　期：西暦紀元前一千年紀（紀元前1000年～紀元前1年）
> 　テーマ：①日本列島での生業の変化，②それにともなう社会の変化

　紀元前8世紀頃（あるいは紀元前5世紀頃），西日本に弥生文化が成立するので，縄文時代末から弥生時代への変化（時期による違い）に焦点を当てて考えたい。その際，①では生業（生活を成り立たせるための労働・仕事）に焦点が当たっているので，食料をどのように調達したのかに着目しながら違いを整理すると，次のようになる。

> **縄文文化：狩猟・採取が中心**
> **弥生文化：水稲耕作を基礎＝農耕社会**

　次に②についてである。ここでは，縄文文化＝狩猟・採取など食料を採ってくる生活（食料採取）から弥生文化＝水稲耕作によって食料をつくる生活（食料生産）へと変化したことにより，社会のあり方がどのように変わったのかを考えたい。

　縄文文化では，木の実の採取やシカ・イノシシの狩猟，漁労や貝の採取など，食料の獲得方法が多様化し，旧石器文化よりも食料事情が安定したことから，人々は定住生活を送っていた。人々は集落を作って共同で生活し，集落のなかには竪穴住居や共同墓地を設けていた。住居や墓の規模や構造にはそれほどの差がないうえ，特定の墓に多くの副葬品が集中する現象も認められない。そのため，人々の間にはっきりとした身分差がなく，共同して働き，収穫物を分け合う社会であったと考えられている。

　弥生文化では当初，集落ごとに共同で水稲耕作を行い，収穫物を共同で管理するとともに，集落の近くに共同墓地を設けていた。

　ところが中期以降，墓制に変化が現れる。中期（紀元前4世紀～紀元前後），九州北部では中国製の銅鏡など多量の副葬品を持つ甕棺墓が現れた。さらに後期（1世紀～3世紀頃），大型の盛り土（墳丘）を持つ墓（墳丘墓）が各地につくられるようになった。中期は鉄器が普及し始めた時期で，鉄器の普及にともなって水稲耕作が発達するなかで身分差が現れ，さらに鉄器の供給ルートなどをめぐる抗争・戦いが集団間でくり広げられ，その結果，地域を支配する首長が各地に出現したことを示している。

> **縄文文化：身分差がない**
> **弥生文化：地域を支配する首長が各地に出現＝身分差が現れる**

【解答例】

> 当初，人々は共同して狩猟・採取中心の生活を送っており身分差はなかった。しかし紀元前8世紀ころから水稲耕作が始まり，さらに鉄器の使用が広まると戦いが増え，それにともない地域を支配する首長が出現し，身分差が現れた。（105字）

問2　古墳文化の始まりとヤマト政権

> **設問の要求**
> 　時　期：弥生時代と古墳時代
> 　テーマ：墓にみられる違いからどのような政治的変化があったといえるか

　まず，弥生時代と古墳時代にはどのような墓がつくられていたのかを確認したい。その際，古墳時代の代表的な墓である古墳が各地の首長（豪族）の墓なので，弥生時代についても首長の墓に焦点を当てて考えよう。相違点を考える際には，共通性を前提とすることが必要である。

　地域を支配する首長（豪族）のための特別な墓がつくられるようになったのは，弥生時代中期以降である。弥生時代中期には，九州北部で多くの副葬品を持つ甕棺墓が現れた。さらに後期には九州北部や山陰，瀬戸内中部，近畿，東海など各地で大きな盛り土（墳丘）を持つ墓（墳丘墓）が現れる。こうした首長の墓は，山陰地方の四隅突出型墳丘墓など，墳丘のかたちなどに地域色が強いことから，それぞれの地域で首長どうしがまとまり，地域連合を形成していたことがわかる。

　一方，古墳時代にはより大規模な墳丘を持つ墓（古墳）が九州北部から西日本の各地で営まれ，なかでも有力なものは，地域をこえて墳丘のかたち（前方後円墳や前方後方墳）や埋葬施設の構造（竪穴式石室），副葬品などが共通し，画一的・定型的なパターンを持っている。

> **弥生時代：地域色が強い ↔ 古墳時代：共通性（画一性）を持つ**

　次に，このような墓（首長墓）にみられる違いがどのような政治的変化，いいかえれば政治状況の違いを反映しているか，である。

　弥生時代中・後期における墓，とりわけ墳丘墓に強い地域色がみられるのは，地域をこえた広域な首長どうしのまとまりが未成熟であったことを意味している。

　一方，古墳時代における墓（古墳）が持つ共通性・定型性は，それに先立って広域な政治連合が成立しており，そこに参加した各地の首長たちが共同して生み出したものと考えられている。そして，出現期の古墳のなかで最も規模の大きいものが奈良盆地のヤマト地方にみられることから，政治連合の中心にヤマトの勢力がいたことがわかる。つまり，古墳の出現はヤマト政権が成立し，各地の首長たちがヤマト政権という広域な政治連合に参加していたことを示している。

> **共通性（定型性）を持つ古墳の出現が意味するもの**
> 　。広域な政治連合（ヤマト政権）が成立＝各地の首長がヤマト政権に参加していた

　なお，変化が問われた際，ビフォアとアフターの違いを考え，説明することが必要である。とはいえ，ビフォアにないものがアフターで新しく出てきた場合は，アフターだけ説明すれば十分である。この設問でも，「政治的変化」は古墳時代にヤマト政権が成立したことが説明できていれば十分である。

【解答例】

> 弥生時代の首長墓は地域色が強い。一方，古墳時代はヤマトを中心に，広い地域で画一性を持つ古墳がつくられた。ここから，古墳時代にはヤマト政権と呼ばれる広域な政治連合が成立し，各地の首長が参加していたといえる。（102字）

問1　倭の五王

> **設問の要求**
> 　時　期：（書かれていないが「倭の五王」がテーマなので5世紀）
> 　テーマ：倭の五王が①中国に対して行ったこと，②その目的

　倭の五王とは『宋書』倭国伝に登場する五人の倭王のことである。ここで注意しておきたいのは，5世紀の中国は南朝の宋と北朝の北魏が対立する南北朝時代だったことである。このうち，倭の五王が交渉を持ったのは南朝の宋である。

倭の五王が交渉をもった中国＝南朝の宋

　まず，①中国に対して行ったことである。
　第一に，使節を派遣した。その際，中国では周辺諸国からの使節が来る際，臣下の礼をとること，つまり朝貢することを求めており，倭の五王もその慣例にならって朝貢という形式をとった。
　第二に，称号（官爵）を授けてくれるよう求めた。最も有名なのが478年，倭王武が朝貢した時の事例で，倭王武は「使持節都督倭・新羅・任那・加羅・秦韓・慕韓六国諸軍事安東大将軍倭王」という称号を授かった。このように皇帝から称号を授かることを冊封を受けるともいう。

中国に対して行ったこと
　• 使節を派遣し，朝貢する
　• 称号（官爵）を求め，授かる

　次に，②その目的である。その際，倭王武が授かった称号を素材として考えよう。
　第一に，「使持節」「都督」「○○△△□□諸軍事」「安東大将軍」はいずれも軍事指揮・軍政に関わる地位を示す称号である。5世紀の朝鮮半島では，高句麗が南下を進めて新羅や百済を圧迫していた。こうした情勢のもと，倭の五王は新羅など朝鮮半島南部において軍事・外交上の優位な立場を確保しようと，宋の皇帝から軍事指揮・軍政権の承認を求めていた。
　第二に，「倭王」である。この称号は，倭の支配者であることを認められたことを意味する。
　5世紀の日本列島は古墳時代中期である。この時期は近畿中央部だけでなく岡山県や群馬県など各地で前方後円墳が大型化していた。つまり，大王が権力を強める一方，岡山や群馬などの豪族（首長）もヤマト政権のなかで大きな地位を持っていた。このことを念頭におけば，倭王の称号は各地の豪族に対する優位性を確保し，国内支配を安定させる手段の1つであったと判断できる。

中国に遣使して称号を授かった目的
　• 朝鮮半島南部の軍事指揮権・軍政権を保証される＝軍事・外交上の優位を確保
　• 日本列島内での支配的地位を保証される＝国内支配の安定を確保

【解答例】
> 南朝の宋に朝貢して称号を授かり，国内支配の安定を図るとともに，朝鮮半島南部での軍事・外交上の優位を確保しようとした。（58字）

問2　文字の導入と使用

> **設問の要求**
> 時　期：5世紀後半頃
> テーマ：漢字が①どのように導入されたのか，②どのように使用されていたのか

　最初に注意したいのは，誰が導入し，使用していたのか，である。主体を意識したい。
　5世紀は倭の五王の時代であり，彼らは中国南朝の宋に使節を派遣して交渉していた。漢字が中国でつくられた文字であり，設問文にあるように「伝達媒体」であることを念頭におけば，倭の五王たちが中国と交渉するために使用していたことがわかる。つまり，漢字を導入し，使用していたのは倭の五王，いいかえればヤマト政権である。
　では，ヤマト政権は漢字をどのように導入したのか。
　『日本書紀』や『古事記』は，王仁や阿知使主ら文筆に優れた人々が朝鮮半島から渡来したという説話を伝えている。文筆とは文章を書くことであるが，この時代に即して表現すれば，中国皇帝のもとに提出しても恥ずかしくないだけの漢文を書く技術のことである。ヤマト政権は，こうした技術を持つ渡来人やその子孫を部民（具体的には史部）に組織し，文筆を担う技術者として登用した。

ヤマト政権：文筆に優れた渡来人を組織して漢字を導入

　続いて，5世紀後半における漢字の使用例を具体的に思い浮かべながら，漢字がどのように使用されていたのかを考えたい。
　1つめは，中国と交渉する際，外交文書を作成するために使用した事例である。具体的には『宋書』倭国伝に記された倭王武（雄略天皇）の上表文である。478年，倭王武は文書（上表文）を書き送り，周辺の国々を征服してきたことを述べたうえで，称号（官爵）を授けてくれるよう求めた。
　2つめは，倭人社会においてさまざまな記録を残すために使用された事例である。具体的には埼玉県稲荷山古墳出土の鉄剣や熊本県江田船山古墳出土の鉄刀に刻まれた文章（銘文）である。これらには「獲加多支鹵〔ワカタケル〕大王」（雄略天皇）という大王名や大王宮の名称が記され，その統治を助けた豪族の人名がそれぞれ刻まれている。大王と地方の豪族との関係を記録するのに漢字が使用された事例であり，人名（や地名）を表記するのに漢字が用いられていたこともわかる。

漢字がどのように使用されていたのか
ⓐ外交文書を作成　ⓑさまざまな記録を作成　ⓒ人名や地名を表記する

　これらの使用例のうち，ⓑとⓒは同じケース（刀剣に刻まれた文章からわかる事例）なので，いずれかを書けば十分である。

【解答例】
> ヤマト政権は文筆に優れた渡来人を史部に組織することで漢字を導入した。漢字は外交文書やさまざまな記録の作成に使用された。（59字）
> 〔別解〕文筆に優れた渡来人がヤマト政権に組織され，漢字が導入された。漢字は外交文書を作成し，また人名などを表記するのに使用された。（61字）

問1　都城制の特徴

設問の要求

時　期：（書かれていないが「都城制」がテーマなので7世紀後半〜8世紀）

テーマ：都城制が権力の中央集権化に果たした役割

条　件：設問文の第1文を参考にする

まず，「権力の中央集権化」とはどういうことかを考えよう。

都城制が採用・整備され始めた時期は7世紀後半から8世紀で，律令制度が取り入れられた時期である。6世紀に整った氏姓制度（氏族制）では有力な豪族が氏ごとに民衆を支配していたのに対し，7世紀後半，律令制度が形成されるのにともない，民衆を戸籍に登録して国家が直接支配するしくみが取り入れられた。また，氏姓制度では朝廷のさまざまな職務が有力な中央豪族の邸宅（私邸）で分担され，その邸宅に中小豪族らが勤務し，奉仕していた。ところが7世紀後半には，豪族が一人ひとり官職に就き，宮におかれた官庁に勤務するしくみ，つまり官僚制に変わった。「権力の中央集権化」とは，このように有力な豪族の支配権力が削がれ，公民制や官僚制が導入されていく過程をいう。

① 権力の中央集権化

・豪族が民衆を個別的に支配　→　国家が民衆を直接支配＝公民制が整う　……………………ⓐ
・中央有力豪族の邸宅に豪族らが勤務・奉仕　→　官庁に豪族らが勤務＝官僚制が形成　……ⓑ

続いて，都城制とはどのようなものか，宮や京にどのような施設・建物があるかを確認したい。

② 都城制

・宮：天皇の邸宅（内裏），政務・儀式を行う大極殿・朝堂院，諸官庁などが設けられる
・京：豪族らに邸宅を支給，寺院を建立，官営の市を設置

これで設問に応えるための素材がそろったので，都城制が果たした役割を考えよう。

「権力の中央集権化」という変化のなかでの役割が問われている。したがって，ビフォアとアフターの違いを記したうえで，この変化と都城制とがどのように関連づくのかを説明したい。具体的には，②のことがらのうち，どれが①で整理した変化に関連づくのかに注目したい。

すると，①のⓑと，②のうち，宮に大極殿・朝堂院や諸官庁が整えられたこと，京に豪族らの邸宅が配されたことが関連づくことに気づく。氏姓制度の時代とは異なり，豪族の住む邸宅と豪族の勤務する場が分けられていること−これが官僚制の形成につながっていることがわかる。

以前：中央有力豪族の邸宅に中小豪族が奉仕して職務を代々担う

↓＜都城制の整備＝宮の内部に大極殿・朝堂院，諸官庁を整備，一方で豪族を京に住まわせる
官僚制の形成

【解答例】

もともと大王の宮の周囲に中央有力豪族が邸宅を構え，中小豪族を奉仕させて特定の職務を代々担っていた。一方，都城制では，宮の内部に政務・儀礼を行う大極殿・朝堂院や諸官庁を整備し，宮の周囲に設けた京に豪族を居住させたため，官僚制の成立を促した。（119字）

問2　律令体制下の官僚制

> **設問の要求**
>
> 　時　期：(書かれていないが「律令制」がテーマなので8世紀)
>
> 　テーマ：官位相当制と呼ばれる原則の内容

　まず、「官位」とは何かを考えよう。

　官位とは、官職と位階をさす。

　官職は二官・八省・一台・五衛府などの官庁のなかに設けられた役職のことである。同じ官庁には4ランクの官職(長官・次官・判官・主典)が設けられ、四等官と総称された。たとえば、省には卿・輔・丞・録という四等官がおかれ、官庁により用いる漢字は異なるが、それぞれ「かみ・すけ・じょう・さかん」と呼ぶのが一般的であった。

　位階は一人ひとりを序列づけるもので、大宝律令・養老律令のもとでは正一位から少初位下に至る30ランクの位階があった。豪族らは出自・家柄をふまえつつ、能力や功績に応じて位階を与えられ、勤務の年数や成績に応じて昇進した。

　こうした位階を持つものが官人だが、正一位から従五位下までの位階を持つものを貴族、六位以下の位階を持つものを官人と呼び分けることが多い。

　では、官位相当制とは何か。

　すべての官職には、右図のように、それにみあった(つまり相当する)位階があらかじめ定められており、これを官位相当制という。そして、このしくみのもとでは、すべての官人はまず位階を授かり、その位階に応じた官職に任じられた。位階にみあった官職であれば、官庁が違っても、中央・地方を問わず転職することもあった。そのうえで勤務評定が行われ、勤務の年数や成績に応じて位階が昇進すると、昇進した位階に応じた官職に任じられた。

官庁／位階			太政官	中務省	他の省
正	一位		太政大臣		
従					
正	二位		左右大臣		
従					
正	三位		大納言		
従			中納言		
正	四位	上		卿	
		下	参議		卿
従		上	左右大弁		
		下			
正	五位	上	左右中弁	大輔	
		下	左右少弁		大輔
従		上		少輔	
		下	少納言	侍従	少輔
正	六位	上	左右弁大史		
		下		大丞	大丞
従		上		少丞	少丞
		下			
正	七位	上	大外記	大録	大録
		下			
従		上	少外記		
		下			
正	八位	上		少録	少録
		下			
従		上			
		下			
大	初位	上			
		下			
少		上			
		下			

> **すべての官職にはそれにふさわしい位階が定められている**
> **→ 官人は位階を授かり、位階に応じた官職に任じられる**

【解答例】

> 官人は位階を授かり、位階にみあった官職に任じられた。(26字)
>
> 〔別解〕位階で官人を序列づけ、位階に応じた官職に任じた。(24字)

問3　律令体制下の地方支配

```
設問の要求
  時　期：（書かれていないが「律令国家」がテーマなので8世紀）
  テーマ：地方支配の特質
  条　件：国司と郡司の任命のあり方の違いを明らかにする
```

　地方支配が問われた場合，地方行政や民衆支配のしくみを思い浮かべたい。そのうえで，設問に即して考える内容をしぼり込みたい。この設問では，条件で「国司と郡司の任命のあり方の違い」が取り上げられているので，官職に即して地方行政のあり方を説明すればよい。

　最初に，国司と郡司がどのような官職なのかを確認しよう。

	国司	郡司
役所（官庁）	国府（国衙）	郡家
任命する人	天皇	天皇
任命される人	中央の貴族・官人	現地の有力豪族（もと国造ら）
職務の内容	行政にあたる＝国内の統治を指揮・監督	行政の実務を担う
任期	一定期間（はじめ6年，のち4年）	終身（死ぬまで）

　では，国司と郡司の任命のあり方はどのように違うのか。両者を任命するのが天皇である点では共通しているので，任命される人の違いに注目するとよい。

国司＝中央の貴族・官人　↔　郡司＝その地の豪族

　続いて，「特質」を考えよう。特質とは特徴・特色と同じで，「似た他者」と対比したうえで相違点をピックアップすることが必要である。多くの場合，前後の時代と対比するとよい。

　前の時代，つまり氏姓制度では，現地の豪族を国造に任じて地方支配をゆだねていた。一方，後の時代，たとえば平安時代中期は，中央から派遣された国司（受領）が地方支配を直接担った。律令制下の特徴（特質）は，こうした前後の時代と対比することによって考察できる。

中央から国司が派遣されて郡司を指揮・監督＝地方行政を統轄
現地の有力豪族が郡司として地方支配の実務を担う

　もと国造など現地の有力豪族は，地域の民衆の生活や生業を支えることができるだけの支配力を持っていた。そこで律令制度では，彼らの伝統的な支配力を地方支配にいかすため，戸籍・計帳の作成や徴税などの実務を担う郡司に登用し，任期は終身，事実上の世襲制とするなど，優遇した。そのうえで，地方を確実に中央政府の統制下におくため中央から国司を交替で派遣し，郡司を指揮・監督する役割を担わせていた。

　なお，任期について記してもよいが，解答例では字数を判断してはぶいた。

【解答例】

```
国司は中央の貴族・官人が任じられたが，実務を担った郡司には現地の豪族が任じられ，彼らの伝統的な支配力に依拠して地方支配が実現した。（65字）
```

問4　律令体制下の民衆支配

> **設問の要求**
> 　時　期：(書かれていないが「律令国家」がテーマなので8世紀)
> 　テーマ：①人々の支配方法の特徴，②課税方法の特徴

　まず，人々（民衆）の支配方法から確認していこう。
　律令国家が人々を支配するうえで基礎となったのは戸籍と計帳である。戸籍は6年ごと，計帳は毎年作成された。戸籍が人々を支配する根本台帳であり，人々は戸ごとにまとめて登録された。こうして編成された戸を単位として口分田の班給や租税の徴収，兵士の徴発が行われた。
　では，こうした人（民衆）の支配方法のどこに特徴があるのか。特徴を考えるには，共通点のある「似た他者」を前後の時代から探し，それと対比して違いを抜き出すことが必要である。
　前の時代，つまり氏姓制度では人々は王族や有力な豪族が個別に支配したのに対し，律令制度では人々を戸籍・計帳に登録することによって国家が直接支配した。一方，後の時代，たとえば平安時代中期には戸籍・計帳が作成されなくなり，国家が人々を直接支配する体制が終わった。
　ここから，人々を戸籍と計帳に登録し，国家が直接支配する点に特徴があると判断できる。

人々を戸籍と計帳に登録＝人々を国家が直接支配

　続いて，課税方法を確認しよう。
　律令制度下の租税で主なものは租や調，庸，雑徭であり，すべて戸ごとに課税され，徴収・徴発された。租は田地を対象として課税された土地税である。田地の広さに応じて稲を納めさせたもので，主に諸国の郡家（郡司が勤務する役所）で非常用として貯蔵された。調と庸，雑徭は成人男性を対象として課税された人頭税である。調と庸は計帳に登録された成人男性の人数に応じて布など地域の特産物を納めさせたもので，それぞれの戸から出された運脚によって都まで運ばれ，中央政府の財源にあてられた。雑徭は労役で，成人男性を徴発し，国司の命令によって国内の土木工事や国府（国司が勤務する役所）の雑用に従事させた。
　これらのうち中央政府の財源にあてられたものに焦点を当てれば，律令制下の租税は人頭税が中心であったと判断できる。
　では，こうした課税方法のどこに特徴があるのか。
　後の時代，たとえば平安時代中期には租や調，庸，雑徭などの租税は官物，臨時雑役へと組み換えられ，田地を対象として課税された。課税対象の田地は名に編成され，名を単位としてその広さに応じて米や絹，布などが徴収された。
　ここから，戸ごとに人頭税を課税する点に特徴があると判断できる。

戸ごとに課税（戸が徴税単位）
成人男性を対象とする人頭税が中心＝戸籍・計帳に登録された成人男性の人数に応じて課税

【解答例】

> 律令国家は戸籍と計帳を作成し，人々を戸ごとにまとめて登録して直接支配した。租税の中心は人頭税で，計帳に登録した成人男性の人数に応じて戸ごとに調や庸を課税した。(79字)

4講　律令体制の再編と変容

問1　格式編纂の意義

> **設問の要求**
> 時　期：(書かれていないが「格式」がテーマなので9世紀〜10世紀半ば)
> テーマ：律令だけでなく格式も編纂された理由

まず，律令や格式とは何か，定義を確認しておこう。

律・令・格・式は，皇帝や天皇のもとで官僚が統治を担うための法典である。唐では4つがセットで定められたのに対し，日本では7世紀末にまず令が制定され（飛鳥浄御原令），8世紀に律と令のそろった大宝律令，続いて養老律令が制定された。律は刑罰を定め，令は官庁のしくみや土地制度，租税など行政に関わることがらを定めたものであり，官僚制に不可欠であった。

一方，律令が実際に運用されると，政治・社会の実情や変化などにともなって不都合が生じた。規定通りに運用できなかったり，細かい手続きを定めておく必要が生じたりした。当初は想定していなかった事態に直面することもある。そうした際，朝廷は個々に法令を定めて対処した。たとえば，口分田が不足して班田収授を規定通りに運用することが難しくなるなかで723年，三世一身法が新たに定められた。743年には墾田永年私財法が定められ，律令には規定のなかった墾田の私有が認められた。これらの法令のうち，律令を補足・修正したものを格と呼び，施行細則，施行する際の手続きについて定めたさまざまな決めごと（細則）を式と呼ぶ。

格…律令を補足・修正する法令
式…施行細則

平安時代前期には，こうした個々の法令を取捨選択したうえで格，式ごとに分類して集め，まとめようという動きが出てくる。最初が9世紀前半，嵯峨天皇のもとで編纂された弘仁格式である。

この格式は編纂当時に有効な格や式を選んでまとめており，貴族・官人が職務をつとめ，政治実務にたずさわる際に参照しやすいよう便宜を図ることを目的としていた。いいかえれば，官僚制が政治・社会の実情に合ったかたちでうまく機能するように編纂されたのが格式であった。

> **背景**：政治・社会の実情や変化に応じてさまざまな法令が出される
> **内容**：さまざまな法令を取捨選択（整理）して格と式にまとめる
> **目的**：政治実務の便を図る（貴族・官人が職務を進めるうえでの便宜を図る）

このように格式を編纂することを通じて，嵯峨天皇は律令制度の変容に対応した政治のしくみを整えようとした。

ところで，政治・社会がさらに変化すると，それにともなって格式を編纂し直すことが必要となる。そのため，9世紀後半，清和天皇のときに貞観格式，10世紀前半，醍醐天皇のときに延喜格式が続いて編纂され，律令制の維持・再編が図られた。

【解答例】
> 朝廷は，律令を運用するなかで政治・社会の実情や変化に応じてさまざまな法令を出した。9世紀以降，それらを取捨選択し，律令の規定を補足・修正する格と施行細則の式に分類して格式を編纂し，官僚が実務を行うための便を図った。（107字）

問2　摂関政治

> **設問の要求**
> 　時　期：摂関政治期（10世紀後半〜11世紀半ば）
> 　テーマ：摂政と関白の①共通点，②相違点

　摂政・関白とは何か，定義を確認する際，摂政・関白を役職（官職）としての側面から考えるのか，あるいは，実際に就任した人物に即して考えるのか，このことを区別したい。
　まず，摂政・関白を役職（官職）としての側面から考えよう。

摂政・関白の役職（官職）としての内容
・摂政…天皇が幼少のとき，天皇が行う政務を代行する
・関白…天皇が成人のとき，天皇の後見役として政治を補佐する

　このように整理すると，摂政と関白は相違点しかないように見えるが，共通点もある。天皇ごとに任じられ，天皇の権限に関与してその一部を分担する点である。摂政は天皇の政治的な権限を代行し，関白は天皇と太政官の間における文書などのやりとりすべてに関与し，その内容の是非を判断したため，天皇の権限に関わることができた。つまり，個々の天皇の年齢や資質・能力に関わりなく，その権限が正当に行使されるようサポートするという共通の役割を果たしていた。

摂政・関白の共通点（その1）
・天皇ごとに任じられる
・天皇の権限に（深く）関与する

　次に，摂政・関白に就任した人物に注目してみよう。
　9世紀後半に藤原良房が摂政に，続いて藤原基経が関白に就任して以降，藤原氏，なかでも藤原氏北家が摂政・関白の地位を独占した。10世紀後半以降に焦点をしぼれば，藤原忠平の子孫が独占したとも表現できる。これが摂政・関白の就任者に見られる共通点である。

摂政・関白の共通点（その2）
・藤原氏（北家，忠平の子孫）が就任（独占）

　ここで注意したいのは天皇との外戚関係についてである。
　当時の貴族社会では母方によって子どもが養育されることが多く，母方の縁が重視されていた。そのため，天皇の外戚（母方の祖父，あるいは伯叔父）がその立場に基づいて天皇との一体性を確保し，政治を主導した。摂関政治期における政治の特徴の1つである。
　しかし当時，摂政・関白に就任した人物は必ずしも天皇の外戚とは限らず，外戚でなくても官位が最も高いという理由から摂政・関白に就任するケースがあった。したがって，摂政・関白の共通点として天皇の外戚が就任したことを指摘すると，この設問では的外れになるので注意したい。

【解答例】
> 藤原氏北家が天皇ごとに任じられ，天皇の権限に関与した点で共通する。一方，摂政は天皇の幼少時に政務を代行し，関白は成人天皇を後見した。（66字）

問3　国司制度の変化

> **設問の要求**
> 　時　期：（書かれていないが平安時代中期）
> 　テーマ：受領の特徴

　「特徴」が問われた時には，共通点を持つ他の何かと対比して違いを明確にすることが必要である。この問題では受領の説明として「律令制本来の国司とは区別された」との表現が設問にあるので，律令に規定された国司と受領とを対比したうえで，両者の相違点を答案に書き込みたい。

　まず，律令制本来の国司についてである。

　① 律令制本来の国司のあり方
　　ⓐ 中央の貴族・官人が任じられる → 諸国に派遣される（赴任する）
　　ⓑ 四等官（守・介・掾・目）が職務を分担し，その責任を共同で負う
　　ⓒ 任国の行政全般にあたる　例）戸籍・計帳の作成，班田収授，徴税など
　　ⓓ 律令の規定に基づく，太政官の指示・監督を受ける
　　ⓔ 一定の任期がある

　こうした国司のあり方が変化するのは9世紀末から10世紀初めにかけてのことである。律令の規定通りに調・庸を確保できず朝廷の財政が悪化する状況のなか，受領制が登場した。

　② 受領のあり方
　　ⓐ 中央の貴族が任じられる
　　ⓑ 任国に赴任する国司の最上席者（ふつうは守）
　　ⓒ 朝廷への租税納入の責任を負う（租税の納入を請け負う）
　　ⓓ 朝廷からある程度の裁量を認められる
　　ⓔ 一定の任期がある

　朝廷は，四等官が共同で職務を担い，責任を負う体制をあらため，任国に赴任する国司の最上席者に権限と責任を集中させた。諸国からの租税収入を確保するための措置で，朝廷へ租税を納入する責任を負った国司の最上席者が受領と呼ばれ，課税率など，どのように租税を徴収するのかについて裁量を認められた。受領は郎等に組織した実務官人らを京から連れて赴任し，国衙のもとに郡司らを編成しながら統治にあたった。一方，受領以外の国司は国内統治から排除され，名目化した。
　ここまでの知識をもとに相違点を整理すればよいが，字数が50字程度と短いのでしぼり込みたい。最上席者に権限と責任が集中し，四等官制がくずれることによって受領制が登場するので，そこに焦点をしぼるとよい。

> **本来の国司＝四等官で共同責任　↔　受領＝権限と責任が集中した国司の最上席者**

【解答例】

> 本来，四等官が共同で行政にあたったのに対し，受領は任国に赴任する国司の最上席者で，権限と責任が集中した。（52字）

問4　租税制度の変化

> 設問の要求
>
> 　　時　期：平安時代中期
>
> 　　テーマ：課税方式はどのように変化したのか

　「変化」が問われた時，時期による違いを説明することが必要である。つまり，ビフォアとアフターでの違いをはっきりさせることが求められる。この設問では「律令制支配の原則から大きく変化した」とあるので，課税方式を律令制の原則と平安時代中期とで対比させ，相違点を考えよう。

　律令制のもとでの課税方式は，3講の問4で確認したように，人々を戸籍・計帳に登録したうえで，戸ごとに人頭税を課税する点に特徴があった。

> **律令制本来の課税方式**
> ◦戸ごとに課税（戸が徴税単位）
> ◦成人男性を対象とする人頭税が中心＝戸籍に登録された成人男性の人数に応じて課税

　ところが，戸籍に登録された本籍地を離れる浮浪・逃亡が横行し，戸籍の記載をいつわる偽籍が増えると，実際に課税できる成人男性の人数が減少した。そのため，9世紀には調・庸を戸籍・計帳に登録された成人男性の人数に応じ，戸ごとに課税し徴収するという律令制の原則では朝廷の財政を維持することが難しくなった。

　そうしたなか，10世紀前半には課税の対象が人間から田地へと変化する。租や調，庸，雑徭などの租税は新たに官物と臨時雑役へと組み換えられ，田地を対象として課税された。課税対象の田地は名にまとめられ，名を単位としてその広さに応じて米や絹，布などが徴収された。それぞれの名は有力農民らが納税を請け負い，請け負った人々は負名と呼ばれた。

> **平安時代中期における課税方式**
> ◦名ごとに課税（名が徴税単位）
> ◦田地を対象とする土地税が中心＝名に編成された田地の面積に応じて課税

　ところで，受領はこのような課税方式を整える一方，国内での徴税を確保するため，田地の開発・再開発を進める方策をとった。その際，受領は新たに開発された田地には税を軽くしたり免除したりして，開発・再開発を促した。そうしたなかで開発を進めて私領を形成した人々がのちに開発領主と呼ばれた。

【解答例】

> 　戸ごとに人頭税中心に課税する律令制の原則が崩れ，田地を名に編成し，名ごとに土地税を課税するように変化した。（53字）

問1　奈良時代の国際認識

> **設問の要求**
>
> 　時　期：8世紀
>
> 　テーマ：日本ではどのような隣国観がつくりあげられていたのか

「隣国観」とは隣の国々をどのように見ていたのか，隣の国々にどのような態度で接していたのか，である。したがって，まず隣の国々とは具体的にどのような国々であったのかを確認し，そのうえで，それらの国々にどのような態度で接したのかを場合分けしながら考えよう。

8世紀の東アジアには，唐と新羅，渤海といった国々が存在した。

当時，東アジアには唐を中心とする国際秩序があり，そのため唐と他の2国とでは態度，扱い方が異なっていた。

唐には遣唐使という国家使節を定期的に派遣した。倭の五王の時代とは異なり，冊封は受けなかったものの，唐に臣従する朝貢の形式で交流した。一方，新羅や渤海とも外交関係を持ち，その際，両国を従属国として扱おうとした。この態度は中国の世界観にならったもので，日本はみずからを中華と位置づけ，新羅や渤海から使節が来日すると朝貢，天皇への服属とみなした。こうした中国にならった国際認識は帝国意識ともいい，そのもとでつくりあげた外交秩序を帝国構造ともいう。

> **唐に対して**
>
> 　◦遣唐使を送る＝朝貢（臣従）する
>
> **新羅・渤海に対して**
>
> 　◦みずからを中華，両国を従属国（服属国）とみなす
>
> 　◦使節の来日を朝貢（天皇への臣従）と扱う

こうした帝国構造は，それぞれの国をとりまく国際関係のなかにおいて初めて成立するものであった。

新羅は7世紀後半から8世紀初め，朝鮮半島の支配権をめぐって唐と緊張関係をかかえており，そのため，日本が従属国と扱うことを容認していた。ところが8世紀前半に唐との関係が安定すると，新羅は日本に対して対等な立場を主張したため緊張が生じた。以後，8世紀後半まで使節（新羅使と遣新羅使）の往来は続いたものの，8世紀末には交易を中心とする関係へと変化した。

渤海は8世紀前半，唐や新羅と対立しており，両国への対抗関係から日本に使節（渤海使）を派遣し，従属的な扱いを許容していた。もっとも8世紀後半に唐が安史の乱によって国力を低下させて以降は，交易を中心とする交流へと態度を変化させた。

なお，解答例にある「中国の世界観にならって」は，「中国にならって」や「中国と同様の帝国構造に基づき」「中華思想をまねて」などと表現することもできる。

【解答例】

> 日本は唐に遣唐使を送って朝貢する一方，中国の世界観にならって自らを中華と位置づけ，周辺諸国を従属国とみなした。そのため，新羅や渤海から使節が来日すると朝貢と扱った。(82字)

問2 平安時代中期の国際関係

設問の要求
  時　期：10世紀以降
  テーマ：日本の対外関係
  条　件：8世紀のあり方と比較する

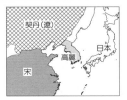

最初に10世紀，東アジアがどのような状況にあったかを確認したい。

7世紀から続いていた唐や新羅，渤海は10世紀前半に滅亡した。唐は10世紀初めにほろび，その後，中国本土では諸国が乱立する五代十国の時代を経て，10世紀後半に宋（北宋）が再統一を果たした。新羅は10世紀前半にほろび，代わって高麗が朝鮮半島を統一した。渤海は10世紀前半，モンゴル地方から興った契丹（遼）によってほろびた。

契丹は中国・華北地方の一部をも支配下におさめ，宋と軍事的な敵対関係にあった。このように10世紀の東アジア情勢は安定せず，動乱状態にあった。

こうしたなか，日本の朝廷は宋や高麗，契丹など新しく成立した国々とは国家使節を交換せず，（正式な）国交を結ばなかった。動乱にまき込まれることを避けようという意図であった。

それに対して8世紀には，唐へ遣唐使を派遣し，新羅や渤海とは使節を往来させることで国交を結んでいた。つまり，国家使節を通じて国交を結び，交流していたという共通点があった。もっとも新羅からは8世紀末に使節の来日が途絶し，遣唐使は9世紀半ばを最後に派遣が途絶した。したがって，10世紀前半まで使節のやり取りがあったのは渤海だけであった。

では，国家使節の交流がなくなり国交を結ばなくなった10世紀，東アジア諸国との間で交流はなかったのか。

すでに9世紀には唐・新羅の民間商船が九州の博多などに来航して交易を行っており，10世紀前半に唐や新羅が滅亡しても変わらなかった。宋や高麗から民間商船が交易のために来航した。輸入される大陸の品々は，日本では唐物と呼ばれて貴族らに珍重され，また僧侶の往来もあり，交易だけでなく文化交流も盛んであった。

8世紀
。国家使節の交流 → 唐や新羅，渤海と国交を結ぶ
10世紀
。宋や高麗，契丹（遼）などと正式な国交を結ばない
。民間商船が来航＝民間商船を通じた交流

なお，「対外関係」ではなく，「外交関係」を説明することが問われた場合は，外交関係の有無など国家（政府）間の交渉に限り，民間貿易についてふれる必要はない。

【解答例】

日本は，8世紀には唐や新羅，渤海と国交を結び，国家使節の交流があった。一方，10世紀には，新しく成立した宋や高麗，契丹と正式な国交を結ばなかったが，民間商船を通じた交流が活発であった。（91字）

問1　仏教の受容

> **設問の要求**
> 　時　期：6世紀末から7世紀初めころ
> 　テーマ：①当時の人々にとって仏教はどのようなものとして受けとめられたか
> 　　　　　②仏教を信仰した豪族たちはどのような文化的行動を示したか

　まず，時期から確認しよう。6世紀末から7世紀初めころは文化区分でいえば，飛鳥文化と呼ばれる初めての仏教文化が展開し，蘇我馬子による飛鳥寺（法興寺）など，中央の豪族が寺院を建立しはじめた時期である。そこで，「当時の人々」を豪族にしぼり込み，仏教を信仰した豪族たちがどのような文化的行動を示したかを考えていけばよい，と判断できる。

豪族の文化的行動
　・寺院を建立　例）蘇我氏（蘇我馬子）の飛鳥寺

　こうした寺院には，礎石の上に柱を立てて瓦葺の屋根を支えるという新しい建築技法で建てられた大陸風の建物がたち並び，法隆寺金堂釈迦三尊像のような仏像彫刻，玉虫厨子といった工芸品が納められている。つまり寺院は先進的な，一流の文化・技術を集めたものであり，仏教が先進文化の象徴であったことがわかる。

　次に，豪族たちがどのような理由から寺院を建立したのか，それを仏教に即して考えていこう。
　寺院では塔と金堂が重要な建物であった。塔は仏舎利つまり釈迦〔仏陀〕の遺骨（もちろん本物ではない）を納める施設で，金堂は仏像つまり釈迦〔仏陀〕のすがたを造形化した彫刻を納める施設であった。したがって，仏舎利や仏像，つまり釈迦を礼拝するのが寺院の基本的なあり方であった。なかでも飛鳥文化のころは，飛鳥寺が塔のまわりに3つの金堂を配する伽藍配置が採用されたことに象徴されるように，仏舎利を納める塔が寺院の中心であった。

　ところで，1950年代に行われた飛鳥寺の発掘調査では，塔の下から古墳の副葬品と同じような品々が出土しており，それらが仏舎利と一緒に埋められていたことがわかっている。

　このことを根拠にすれば，豪族たちが在来の信仰に即し，そのもとで仏教を受け入れ，古墳に代わるものとして寺院を建立していたことがわかる。つまり，仏教を従来からの呪術と同じもの，具体的には祖先を供養し，そのことを通じて氏（氏族）の結束を図りその繁栄を祈るための呪術，つまり「異国の神」として仏教を受けとめ，取り入れていたと考えることができる。

当時の豪族たちの受けとめ方
　・先進的な文化・技術
　・祖先を供養し，氏の結束を図りその繁栄を祈るための呪術（異国の神）

【解答例】

> 豪族は仏教を先進文化，かつ祖先供養のための呪術と受けとめ，氏ごとに寺院を建てた。（40字）

問2　奈良時代の仏教保護政策

> 設問の要求
>
> 　　時　　期：奈良時代
>
> 　　テ ー マ：①なぜ仏教が当時の政権により保護されたのか
>
> 　　　　　　　②具体的にはどのような仏教保護政策が行われたのか
>
> 　　条　　件：当時の政治的状況をふまえる

　仏教は当初，祖先を供養し氏（氏族）の繁栄を祈る呪術として豪族たちに取り入れられていたが，7世紀後半以降，律令に基づく中央集権国家の形成にともなって朝廷により重んじられるようになった。朝廷が，仏教の鎮護国家思想に基づき，仏教に国家安泰の役割を担うことを期待したためである。

> 朝廷が仏教を保護した理由
>
> ○前提：仏教の鎮護国家思想（仏教の教義に基づいて仏や菩薩が国家を守るという考え）
>
> ○目的：仏教に対して国家を安泰にする役割を期待

　奈良時代，平城京では遷都とともに大官大寺や薬師寺が藤原京から移転されるなどして官寺（国立の寺院）が整備され，国家の安泰（護国）を祈る法会や祈禱（祈祷）が行われた。さらに聖武天皇の時代になると，国ごとに国分寺と国分尼寺の建立や盧舎那大仏（大仏）の造立が始まり，そのなかで東大寺が建立された。

　ところで，条件として「当時の政治的状況をふまえる」ことが求められている点に注意したい。ここから，政治的状況が前提となって仏教への保護政策がくり広げられた時期にしぼって説明すれば十分であると判断できる。したがって，聖武天皇の時代にしぼって考えたい。

> 聖武天皇の仏教保護政策とその背景（当時の政治的状況）
>
> ○政治的状況：疫病の流行や藤原広嗣の乱にともなう政治・社会の混乱
>
> ○具体的な政策：国ごとに国分寺・国分尼寺の建立を命じる
>
> 　　　　　　　　盧舎那大仏の造立を開始 → のち東大寺を建立
>
> 　　　　　　　　国家安泰（護国）を祈る法会や祈禱（祈祷）に僧尼を従事させる

　具体的な政策については国分寺建立と大仏造立に限って説明しても構わない。しかし，できれば，平城京の官寺に加えて諸国の国分寺・国分尼寺にも僧尼（官僧）を在住させ，護国の法会や祈禱を担わせたことまで説明したい。そうすれば，当時の造寺造仏策と仏教による鎮護国家（国家安泰）とのつながりをコンパクトに説明することができる。

【解答例】

> 　藤原広嗣の乱や疫病の流行，飢饉などにより政治・社会不安が広がるなか，聖武天皇は仏教が国家の安泰を保障するという鎮護国家思想に依拠した。国ごとに国分寺・国分尼寺の建立を進め，盧舎那大仏を造立するとともに，僧尼に護国の法会や祈禱を担わせた。（118字）

問3　弘仁・貞観文化と摂関期文化（国風文化）

> **設問の要求**
> 　時　期：9世紀と10世紀
> 　テーマ：なぜ全く異なる形態の詩歌を集めた勅撰集が編集されたのか
> 　条　件：日本を取りまく国際関係の推移と関連させる

　まず，「全く異なる形態の詩歌を集めた勅撰集」がどのようなものかを確認しておこう。

> 9世紀　：勅撰漢詩文集　例）凌雲集
> 10世紀：勅撰和歌集　　例）古今和歌集

　それぞれ文化区分でいえば，9世紀は弘仁・貞観文化で唐風文化が広がり，10世紀は摂関期文化（国風文化）で大陸文化をふまえた日本独自の文化が展開した。勅撰漢詩文集と勅撰和歌集はそれぞれの代表例である。したがって，それぞれの時期にこうした性格を持つ文化が展開した事情を「日本を取りまく国際関係」との関連のなかで説明すればよい。

　まず9世紀である。日本は8世紀に続いて遣唐使を派遣していた（ただし9世紀半ばまで）。唐は東アジアの政治・文化の中心，規範（見習うべき手本）であり，日本は唐の制度や文物を取り入れつつ律令政治を運用してきた。こうしたなか，漢文学の持つ政治的な有効性を強調する文章経国思想が広まり，貴族の間に漢詩文の教養がゆきわたった。

> **9世紀の国際関係**
> ◦ 唐が東アジアの政治・文化の中心　→　日本＝遣唐使の派遣を通じて大陸文化を摂取
> 9世紀の文化＝漢詩文の教養が浸透　→　唐風文化が展開

　次に10世紀である。中国から民間商船が来航し，交易や文化交流が活発に行われていた。ところが唐が滅亡し，宋が中国本土を再統一して以降も東アジアでは動乱が続いた。それにともない，中国の規範としての力は低下し，各地で中国からの政治的・文化的な自立が進んだ。日本でかな文学など大陸文化をふまえた独自な文化が形成されたのは，このことが背景にあった。

> **10世紀の国際関係**
> ◦ 東アジアで動乱が続く　→　中国の政治・文化面での規範としての力が低下
> 10世紀の文化＝大陸文化をふまえた日本独自な文化が形成

【解答例】

> 　唐を中心とする国際秩序のもと，遣唐使の派遣などを通じて大陸文化の受容が進むなか，9世紀には唐風文化が隆盛して勅撰漢詩文集が編纂された。10世紀には唐が滅亡し，宋が中国を統一して以降も東アジアで動乱が続くなか，中国からの文化的な自立が進んで国風文化が展開し，勅撰和歌集が編纂された。（139字）

問4　浄土教の広まり

> **設問の要求**
> 　時　期：（書かれていないが平安時代中期）
> 　テーマ：①浄土教とはどのような教えであったか
> 　　　　　②浄土教が流行した要因＝布教者の活動，仏教における歴史観

浄土教とはどのような教えなのかを確認しよう。

浄土教の教え
・阿弥陀仏（阿弥陀如来）を信仰し，来世における極楽浄土への往生を願う教え

　こうした浄土教が平安時代中期に流行しはじめた要因の1つとして，布教者の活動があった。代表的な布教者は空也と源信である。
　空也は10世紀半ば，「南無阿弥陀仏」と念仏を唱えることを京の市中などで民間に勧めた。当時は，武士の台頭に見られる戦乱や飢饉などが生じて社会不安が広まっていた。そうした現世（生きている今の世）の不安から逃れようと来世（死後の世界）への関心が高まるなか，民衆から貴族に至るまで念仏が流行しはじめた。
　一方，源信は10世紀後半，『往生要集』を著して浄土教の教えを体系的に示した。地獄の恐怖や極楽浄土のあり様をえがき，来世で地獄に堕ちることなく極楽浄土へ往生するための方法として念仏の重要性を説いた。とりわけ貴族の間に影響をおよぼし，藤原頼通の平等院鳳凰堂のように，阿弥陀如来像を安置する阿弥陀堂を建立する動きが広まった。

流行の要因（その1）＝布教者の活動
・空也：民間（京の市中など）で念仏を勧める
・源信：『往生要集』で浄土教を体系化（念仏の重要性を説く）→ 貴族に強く影響

　もう1つの要因として，仏教における歴史観（歴史の見方）があった。末法思想である。
　末法思想は仏教の終末思想で，釈迦〔仏陀〕の死後，正法，像法の世を経て末法の世が来るとされ，当時の日本では1052年から末法に入るといわれていた。そして，末法の世にふさわしい教えがあり，仏教を信仰し，保護することで現世の社会不安から逃れることができると説かれた。

流行の要因（その2）＝仏教における歴史観
・末法思想＝仏教の終末思想

【解答例】
> 浄土教は阿弥陀仏を信じ，来世に極楽浄土へ往生することを願う信仰である。仏教の終末思想である末法思想が流布されるなか，空也が念仏を勧め，源信が『往生要集』で念仏往生の教えを説くと，貴族を中心に広まった。（100字）

7講　古代から中世への時代の転換

問1　延久の荘園整理令

> **設問の要求**
>   時　期：後三条天皇の時期（11世紀後半）
>   テーマ：延久の荘園整理令について

　歴史用語について説明する際は，いつ，どこで，誰が，何をしたかを考え，そのうえで，背景・目的や結果・影響のいずれか，あるいは両方を説明しよう。ただし，この設問では「後三条天皇が出した」とあるので，「いつ」「どこで」「誰が」について説明する必要はない。また，「いつ」を書くとしても，1069年と個別の年代を書く必要はなく，11世紀後半と表現すれば十分である。
　まず，荘園整理令とは何か，定義を確認しよう。
　荘園整理令とは，新しく立てられた荘園や書類の不備な荘園など，基準に合わない荘園を整理することを命じた法令である。後三条天皇が出した延久の荘園整理令では，中央（太政官）に記録荘園券契所（記録所）を設けて荘園の所有者から証拠書類（券契）を提出させ，そのうえで受領（国司）の報告とつきあわせて審査し，荘園の整理を行った。

> **いつ：11世紀後半　誰が：後三条天皇**
> **何を：太政官（中央）に記録荘園券契所（記録所）を設ける**
>   荘園の所有者から証拠書類を提出させる → 基準に合わない荘園を整理する

　続いて，背景や目的，結果・影響を確認しよう。
　荘園と受領・国衙との間で紛争が生じていたことが背景にあった。平安時代中期以降，土地税を納めなくてよい免税特権つまり不輸の権が認められることが増え，朝廷（太政官と民部省）が認めたものと受領が独自に認めたものとがあった。後者の免税特権は受領の任期中に限られたため，後任の受領との間でしばしば紛争となった。一方，不輸の権は田地ごとに認められたため，荘園側が新しく田地を開発すると改めて認可を得る必要があり，開発地をめぐる紛争も生じた。受領・国衙は徴税のため田地の調査にあたる検田使を派遣したのに対し，荘園のなかには，検田使の立ち入りを拒否できる権利を得るところが次第に増えた。
　こうしたなか，不輸を主張する荘園を減らし，受領による徴税を確保することを目的として荘園整理令が出された。ところが，11世紀半ばに出された以前の荘園整理令は，受領に実施をゆだねたため不徹底であった。それに対して後三条天皇は中央主導で実施し，徹底した荘園整理を実現させた。この結果，不輸の権を認める権限を天皇が持つことが示され，天皇の権威が再認識された。

> **背景：不輸の権を持つ荘園が増加＝受領・国衙の徴税を阻害（公領を圧迫）**
> **結果：徹底した荘園整理が実現 → 天皇の権威が再認識される**

【解答例】

> 不輸の権を持つ荘園が増加して公領を圧迫するなか，太政官に記録荘園券契所を設け，荘園の所有者から証拠書類を提出させて審査し，基準に合わない荘園を徹底して整理した。（80字）

問2　院政

> **設問の要求**
> 　時　　期：平安時代後期（11 世紀後半〜 12 世紀）
> 　テ ー マ：院政について
> 　条　　件：4つの指定語句を使用する（院庁・荘園・受領・北面の武士）

　「いつ」は設問に明記されているので，誰が，何をしたかを中心に考えていこう。

誰が：上皇（院）　何を：政治を主導する

　ところで，上皇（院）は天皇の位を退いたにもかかわらず，なぜ政治を主導できたのか。
　政治は本来，天皇や摂政・関白（摂関）という公的な立場にある人々が担うものである。それに対して，上皇は平安時代初期以来，政治的な権限を失い，私的な立場にあった。ところが，上皇は天皇家の家長という地位を占め，皇位継承の決定権をにぎって子や孫，ひ孫を天皇に立てていたため，私的な立場にありながらも天皇を後見して政治を主導することができた。

上皇が政治を主導できた根拠：天皇家の家長という私的な立場・地位

　では，どのような方法で天皇を後見し，政治を主導したのか。
　上皇のもとには院庁という家政機関，上皇の身の回りを取り仕切る組織が設けられ，その職員には政治の実務に通じた官人（実務官人）や諸国の受領をつとめる中下級貴族が私的に登用された。上皇は院庁の職員を通じ，院宣という文書を使って上皇の意向・指示を天皇や摂関に伝えることで政治を左右していた。これが天皇を後見する具体的な方法であった。

上皇が政治を主導した方法：
◦院庁を設ける　→　中下級貴族（実務官人や受領ら）を私的に登用
◦天皇を後見＝院宣を使って上皇の意向や指示を天皇（や摂関）に伝える

　ここまでの整理で，院政という政治のあり方についての説明は十分である。しかし，これでは指定語句すべてを使用できていない。
　残りの「荘園」と「北面の武士」は，院政を支えた経済的・軍事的基盤として使えばよい。

経済基盤＝荘園と院分国（知行国）
軍事基盤＝北面の武士を設置　→　畿内や近国の武士を組織

【解答例】

> 　上皇は院庁を設けて実務官人や受領を組織し，天皇家の家長という私的な立場から天皇を後見し，院宣などを使って政治を主導した。荘園や院分国を経済基盤とし，北面の武士をおいて直属の軍事力とした。（93 字）

問3　中世荘園制の成立

```
設問の要求
  時　期：院政期
  テーマ：（院政期以後に成立する）中世荘園の景観
  条　件：具体的に
```

　「景観」は，もしドローンを飛ばしたら，どのような風景，ながめが目に入るかを考えればよい。そして，「具体的に」説明することが条件として求められているので，具体例をあげながら説明したい。

　荘園は奈良時代ころからあるが，古代と中世では性格が異なる。古代の荘園が国司の支配下にあり，耕地（田畑）の集まりであったのに対し，院政期に成立した中世の荘園は国司（受領）・国衙の支配から独立性を保ち，荘園の所有者（荘園領主）が荘園内の土地や人々の支配をまかされていた。それは，不入の権，つまり徴税のために田地の調査にあたる検田使や治安の維持にあたる追捕使など，国衙の派遣する役人の立ち入りを拒否する特権を持っていたからであった。こうして中世荘園は，国衙の支配下にある公領（国衙領）の郷や保などと並ぶ行政区画という性格を持った。

中世荘園
　　不入の権を持つ → 受領・国衙の支配から独立性を持つ＝公領に並ぶ行政区画

　こうした中世荘園の多くは，ひとまとまりの領域を持っていた。このことをよく示しているのが紀伊国桛田荘絵図（右の図）である。

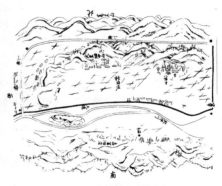

　中世荘園は，上皇や摂政・関白らが国衙の了解を得ながら領域を画定して設立（立荘と呼ぶ）したもので，境目を示すために牓示が打たれた。右の絵図では四隅と紀伊川の南に黒点が見え，これらが牓示である。牓示によって区切られた領域のなかには，耕地だけでなく，山や川，野原などが含まれ，さらに，山のすそ野や大道にそって集落があり，八幡宮と堂もえがかれている。

　なお，この絵図にはないが，鎌倉時代に成立した『一遍上人絵伝』には備前国福岡荘で開かれていた市の様子がえがかれており，荘園によっては市が立っていたところもあった。

```
中世荘園の景観
 ○ひとまとまりの領域を持つ（領域型荘園）＝領域（境目・境界）が定められている
 ○耕地や集落，山野河海（山や川，野原），さらに寺院・神社や街道，市なども含まれる
```

【解答例】
```
国衙領や他の荘園との境界が明確に示され，耕地や集落，寺社，山や川，野原，街道などを含む，ひとまとまりの領域を持っていた。（60字）
```

問1　鎌倉幕府の御家人制

> **設問の要求**
> 時　期：鎌倉時代
> テーマ：源頼朝と御家人との主従関係における御恩と奉公それぞれの内容

　源頼朝は1180年に挙兵して以降，みずからのもとに集まって来た東国などの武士たちと主従関係を結び，彼らを御家人に編成した。

　主従関係とは主人と従者の関係で，主人が従者を保護する一方，従者は主人に仕えた。すでに平安時代中期から上級貴族と中下級貴族らとの間でこうした主従関係が結ばれ始めていた。摂政・関白など上級貴族が人事権に関与したため，中下級貴族らは受領などの官職への就任を期待して奉仕し，複数の人物を主人として仕えることも一般的であった。従者は主人に侍う（近くで仕える）ことから侍と呼ばれ，主人の家に関わるさまざまな仕事に就くことから家人とも呼ばれた。源頼朝の従者を御家人と呼ぶのは家人の称に由来し，頼朝への敬意をこめて御をつけ，御家人と呼ばれた。

　さて，主人の従者に対する行為を御恩，従者の主人に対する行為を奉公という。御恩は従者が奉公することへの見返りとして給与されたもので，一方，従者は主人による御恩を期待して，あるいは，与えられた御恩への見返りとして奉公した。

> **源頼朝（鎌倉殿）による御恩**
> ◦本領安堵＝父祖伝来の所領を保障
> ◦新恩給与＝没収した敵方の所領（敵方没収地）などを給付
> **御家人による奉公**
> ◦軍役＝頼朝の命に応じて出陣し戦闘に参加
> ◦京都大番役＝頼朝が朝廷からまかされた内裏の警備を分担してつとめる
> ◦鎌倉番役＝頼朝の邸宅（将軍御所）の警備をつとめる

　これらを説明する際，単に歴史用語を書いて済ますのではなく，内容まで書いておきたい。もし字数が少ない場合は，歴史用語よりも内容の説明を優先させたい。

　ところで，御家人はもともと独自の武士団を常備しており，武士団を率いる長として将軍と主従関係を結び，御家人という身分を得ていた。その武士団は血縁関係に基づき，一門によって構成されていた。武士たちはそれぞれ郎等を持ち，そのうえで本家の長を惣領と仰ぎ，一門としてまとまっていた。惣領以外の一門の武士たちを庶子といい，こうした一門としてのまとまりを惣領制と呼ぶ。

【解答例】

> 源頼朝は御恩として御家人に父祖伝来の所領を保障し敵方の没収地を与えた。一方，御家人は奉公として頼朝の命に応じて出陣し，平時には内裏や将軍御所の警固などをつとめた。（81字）

問2　中世荘園制と地頭

> **設問の要求**
>   時　期：鎌倉時代
>   テーマ：地頭と荘官（下司・公文など）の任免手続きにおける違い

　まず，中世荘園制のしくみから確認したい。

　荘園の支配権を持つものが本家で，天皇家や摂関家，有力な寺社（寺院と神社）である。本家は全国各地に数多くの荘園を持っており，それらの支配をまかされたのが領家で，天皇家や摂関家の荘園の場合，さまざまな貴族たちが任じられた。この本家と領家をまとめて荘園領主と呼び，どちらかのうち実質的な支配を行った方を本所という。

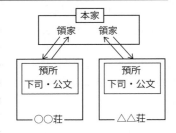

　現地へは荘園領主から預所が派遣され，現地の有力者を下司や公文などに組織して現地の支配にあたった。預所や下司，公文などをまとめて荘官と呼び，彼らの任免権（任命と罷免の権限）は荘園領主が持っていた。荘官たちの職務は，灌漑施設（用水路やため池）などを整えたり土地開発を進めたりして農業を振興すること，年貢・公事を徴収して領主に納入することなどであり，こうした職務を遂行することにより，年貢・公事のかからない給田（免田）などの収益を領主から認められていた。こうした職務とそれにともなう収益のことをまとめて職と呼び，職務にあたり収益を得ている地域のことを所領と呼ぶ。荘園内の田地は名に編成され，それぞれ有力農民が名主として年貢・公事・夫役の納入を請け負った。

　こうした中世荘園制のもと，鎌倉幕府が成立するのにともない，御家人が将軍（鎌倉殿）によって直接地頭に任じられた。任じられるパターンは2つあった。1つは父祖以来つとめてきた下司や公文などの地位と収益を継承して地頭に任じられるもので，父祖伝来の所領を保障してもらう本領安堵のパターンである。もう1つは敵方に属した武士がつとめていた下司や公文などの地位と収益を将軍（鎌倉殿）が没収し，地頭という名称に改めて御家人に新しく与えるもので，敵方没収地を与えられる新恩給与のパターンである。いずれのパターンでも任免の権限は将軍(鎌倉殿)がにぎっていた。

> **任免手続きの違い**
>   荘官（下司・公文など）＝荘園領主が任免する ↔ 地頭＝将軍（鎌倉殿）が任免する

　もともと源頼朝は1180年の挙兵以来，関東を実力で平定するなかで独自に本領安堵・新恩給与を行い，荘園領主（公領では国司）をさしおいて御家人の所領を保障していた。やがてこの行為が朝廷（後白河法皇）によって追認されるかたちで公認され，名称も地頭に統一されて頼朝（鎌倉殿）の管轄であることが明示された。

【解答例】

> 下司や公文は荘園領主が任免権を持ったのに対し，地頭は将軍が直接任免していた。（38字）

問3　鎌倉時代における公武二元支配

> **設問の要求**
>
> 　時　　期：鎌倉時代（12世紀末〜14世紀前半）
>
> 　テーマ：公武による二元的な支配の具体的な内容
>
> 　条　　件：3つの指定語句を使用する（国衙・荘園領主・朝廷）

「公」は朝廷など公家勢力，「武」は鎌倉幕府という武家政権を指すので，両者の関係を考えたい。まず，成立期の鎌倉幕府がどのような性格を持っていたのかを確認したい。

①東国政権

源頼朝が伊豆で挙兵して鎌倉に拠点を構えて以降，東国の御家人たちの軍事力によって関東を制圧し，そのうえで朝廷の宣旨により東国（東海道・東山道）の支配権を承認されたことを基礎として成立した。したがって，幕府は東国を実質的な支配地域とする政権として出発した。

②全国の治安維持にあたる武家

幕府は朝廷のもとで武家として位置づけられ，朝廷の支配や荘園・公領の維持を助けていた。国ごとに守護を配置し，御家人を交替で京都大番役に勤務させるなど，全国の治安維持を担った。

③上級貴族の一員である将軍を中心とした組織

将軍は上級貴族の一員であり，天皇家や摂関家などの公家と同じように荘園（関東御領）や知行国（関東知行国，関東御分国とも呼ぶ）を朝廷から認められ，経済基盤としていた。

次に，朝廷など公家勢力についてである。上記の①〜③に対応させながら知識を整理したい。

①に関して。京都の朝廷は西国（畿内を含む）を中心として支配力を持っていた。

②に関して。朝廷はなおも国司（国守）を任じて国衙を通じて行政を担い，全国を対象として新制と呼ばれる法令をしばしば発布していた。幕府との関係では，宣旨によって東国支配権を承認し，新制のなかで全国にわたる治安維持をまかせていた。

③に関して。天皇家や摂関家，延暦寺・興福寺などの有力な寺社は多くの荘園を持ち，荘園領主として土地から収益を得ており，そのもとには幕府に属さない武士（非御家人）が多数存在していた。

> **公武の二元的な支配**
>
> ・幕府＝東国を支配（基盤），全国の治安維持（軍事・警察）を担う → 朝廷の支配を助ける
> 　朝廷＝西国を支配（基盤），国衙を通じて全国の行政を担う
> ・公家・寺社が荘園領主として勢力を持つ＝幕府もその一員

【解答例】

> 幕府は東国を基盤とし，全国の治安を維持して<u>朝廷</u>の支配を助ける一方，朝廷は西国を基盤としつつ，全国にわたり<u>国衙</u>を通じて行政を担った。公家・寺社が<u>荘園領主</u>として勢力を保ち，幕府も共通する側面を持っていた。（100字）

問4　執権政治

> **設問の要求**
> 　時　期：承久の乱後
> 　テーマ：鎌倉幕府で整った，将軍を中心とする独裁政治とは別の政治のしくみ

　対比する対象が「将軍を中心とする独裁政治」というかたちで示されているので，その表現に即し，誰を中心とする，どのような政治のあり方なのかに焦点を当てたい。その際，役職とそこに就任する人々の両面に目配りしよう。

　「将軍を中心とする独裁政治」に当てはまるのが初代将軍 源 頼朝の時期で，頼朝は政策や裁判を自分で決断し，この政治のあり方は将軍独裁や将軍親裁などと呼ばれる。ところが，頼朝の没後は政治のあり方に混乱が生じ，やがて源実朝が3代将軍に就任すると，北条氏が将軍との親族関係に基づいて政治を主導し始めた。まず，北条時政が政所の長官に就任して将軍実朝を補佐し，その地位は執権と称された。あとを継いだ子の北条義時は，和田合戦後に政所と侍所の長官を兼ねて執権の地位をかため，さらに源実朝暗殺事件後，後鳥羽上皇が北条義時追討をかかげて1221年，承久の乱を起こすも，それに勝利することで地位を安定させた。

　なお，鎌倉幕府は承久の乱を経て朝廷よりも優位に立ち，朝廷の政治や皇位継承にも干渉するなど，武家中心の公武二元支配をつくりあげた。とはいえ，これは幕府内部で誰を中心とした政治が行われたのかという問題は関係がなく，この設問では答案でふれなくてよい。

　承久の乱後，義時のあとを継いで執権に就任した，子の北条泰時は，連署と評定衆という役職を新しく設け，執権・連署と評定衆が合議を行って政策や裁判を評決する体制を採用した。連署は執権の補佐役で，北条氏一門の北条時房が任じられ，評定衆には政務・裁判ですぐれた能力を持つ有力御家人が任じられた。こうした北条氏を中心とする有力御家人の集団指導体制を執権政治と呼び，このもとでは将軍（摂家将軍や皇族将軍）が政治に関わることはなかった。

> **承久の乱後に鎌倉幕府で整った政治のしくみ**
> ◦ 合議で政治を運営＝集団指導体制
> ◦ 役職に即して　　　　　：執権・連署と評定衆が合議に参加
> ◦ 就任する人々に即して：北条氏を中心とする有力御家人が合議に参加

　執権泰時は，こうした集団指導体制をうまく機能させるため，1232年，政務や裁判における基準として御成敗式目（貞永式目）を制定した。武家社会の道徳・慣習である道理と源頼朝以来の先例とに基づく法典であり，御家人を対象とする最初の武家法である。

【解答例】

> 執権・連署と評定衆の合議によって政策や裁判が評決される態勢が採用され，北条氏を中心とする有力御家人の集団指導体制が制度として整った。（66字）

問1　南北朝・室町時代の守護

> **設問の要求**
>
> 　時　期：（書かれていないが南北朝時代・14世紀後半）
>
> 　テーマ：半済令が守護にどのような変化をもたらしたか

　まず，守護とは何か，定義を確認しておこう。

　もともと鎌倉幕府は御家人を指揮して朝廷の支配を助ける存在であり，守護はその役割を国ごとに分担する役職であった。さらにモンゴル襲来をきっかけとして幕府が御家人だけでなく非御家人（幕府に属さない武士）の動員権を得ると，非御家人を指揮する役割も果たすようになった。

　一方，室町幕府は，南北朝の内乱（動乱）のなか，各地の武士を軍事動員するために守護を重視し，その権限を強化した。そのために出された法令の1つが半済令であり，これにより幕府は守護に半済を新たな権限として認めた。

　半済は，守護が公家・寺社領（公家・寺社の荘園）の半分を兵粮料所（軍費を調達するための所領）として預かり，配下の武士に分け与える権限である。軍事動員に応じた各地の武士に対して幕府が守護を通じて見返り（恩賞）を与えようとしたもので，守護はこれによって国内の武士に対して経済的な収益を分配できるようになり，土地支配面での統制力を強めた。

　つまり，この設問で問われている変化は次の点である。守護とその配下の武士との関係はもともと軍事指揮という軍事面に限られていたが，半済令が出されて以降，経済的な収益の分配という土地支配面にまで拡大した。

> **半済令**
> ・守護が軍費調達のため公家・寺社領（荘園）の半分を預かり，武士へ分配することを認可
> **守護の変化**
> ・国内武士を軍事指揮：軍事面　→　国内武士へ経済的な収益の分配も行う：土地支配面

　半済令は1352年に出されたのが最初で（観応の半済令），そこでは近江・美濃・尾張の3カ国について1年限りで年貢の半分を収納することを認めただけであった。ところが，まもなく全国に広がり，1年限りの制限がなくなって永続化し，対象も土地（下地）の半分に変化した。そして，足利義満が3代将軍に就任するころ，1368年に出された半済令（応安の半済令）では，天皇・上皇や摂関の荘園，寺社が排他的に支配する荘園では半済が禁じられたものの，それ以外の公家・寺社領については土地の分割が永続化した。

　こうしたなかで守護は，半済など幕府から与えられた権限に基づいて国内の武士を統制下に組み入れていった。その結果，内乱がおさまって地域の支配秩序が回復し，幕府の全国支配が実現した。

【解答例】

> 守護は荘園の半分を幕府から預かり，国内の武士に分配することが認められたため，軍事面に加えて土地支配面でも支配力を強めた。（60字）

問2　室町幕府と鎌倉府

> 設問の要求
> 　時　期：（書かれていないが室町時代・14世紀後半〜15世紀）
> 　テーマ：鎌倉府について
> 　条　件：①どのような役職者により構成されたか
> 　　　　　②室町幕府とはどのような関係にあったか
> 　　　　　③実際の政治動向と関連させる

用語の内容説明が求められているので，まず，いつ，どこで，誰が，何をしたかを確認したい。

> い　つ：室町時代
> どこで：関東（鎌倉）
> 誰　が：長官は鎌倉公方（関東公方），関東管領が補佐
> 何　を：室町幕府の地方組織として関東を支配

続いて，室町幕府との関係を中心として実際の政治動向を具体的に確認しよう。
　鎌倉府（関東府）は足利尊氏が子の足利基氏に関東の支配をまかせたことに始まり，長官の鎌倉公方（関東公方）は基氏の子孫が受け継ぎ，補佐役の関東管領は上杉氏が世襲した。鎌倉公方は，恩賞を独自に給付する権限を認められるなど権限が大きかったため，京都の将軍（室町殿）から自立的であった。ところが，関東管領上杉氏は京都の幕府との関係を重視したためしばしば鎌倉公方と対立し，そこから鎌倉府と京都の幕府との対立・衝突に発展することがあった。

> 室町幕府との関係
> ・室町幕府の地方機関
> ・権限が大きく自立傾向を持つ　→　幕府としばしば対立・衝突

このように京都の幕府と鎌倉府とが緊張関係を含みながら全国支配を分かち合っていた。
　こうした関係がくずれたのが永享の乱である。6代将軍足利義教が1438年から討伐軍を派遣し，翌年に鎌倉公方足利持氏を自害に追い込んだ。この後まもなく，8代将軍足利義政のもと，持氏の子の足利成氏が鎌倉公方に任じられたものの，1454年，幕府に反乱（享徳の乱）を起こした。その結果，鎌倉府は分裂し，古河（下総）に移った成氏と京都から派遣された堀越（伊豆）の足利政知という2人の公方が分立した。

> 実際の政治動向＝幕府との対立・衝突の具体例
> ・永享の乱＝鎌倉公方がいったんほろぶ　→　享徳の乱＝鎌倉公方が京都の幕府に反乱

【解答例】

> 鎌倉府は関東を支配する室町幕府の地方組織で，長官は足利尊氏の子の基氏の子孫が受け継いで鎌倉公方を称し，関東管領が補佐した。権限が大きく自立傾向を持ったため，幕府と衝突して永享の乱や享徳の乱が起こった。（100字）

問3　戦国大名の分国支配

> **設問の要求**
> 　時　期：(書かれていないが戦国時代)
> 　テーマ：戦国大名が喧嘩両成敗の法を制定した目的

　設問では直接問われていないが，喧嘩両成敗法の内容を最初に確認しておく。喧嘩とは紛争（争いごと）を自分たちの実力（武力）で解決することである。戦国大名からすれば，家臣どうしの喧嘩は家臣たちが許可なく勝手に合戦を行うことなので，しばしば「私闘」と表現される。こうした喧嘩が行われると，当事者双方を理由のいかんにかかわらず処罰するという政策である。

> **喧嘩両成敗の内容**
> ○ 家臣が紛争を自分たちの実力（武力）で解決することを抑止＝当事者双方を処罰する

　次に，喧嘩が広く行われた事情を確認しながら，喧嘩両成敗が登場する背景を考えよう。
　そもそも中世は地域社会に対する中央政府の強制力が弱いのが特徴で，朝廷や幕府による裁決がくだったとしても，裁決の結果をまわりの人々に周知させながら，みずからの実力で紛争を解決することが基本であった。
　そのうえ，室町時代は気象の変化や天災，流行病（疫病）などにより飢饉がしばしば起こる不安定な社会であった。そのため，人々は生き残る（サバイバルの）ために結びつきを強めた。武士や百姓のなかでは一揆を結んでまとまり，行動をともにすることがさかんであった。話し合いが行きづまると武力を使う。自分たちの武力に加え，さまざまな人々の支援・協力（合力）を確保して戦った。
　しかし武力による紛争の解決は戦乱につながり，戦乱はかえって自分たちの生活をおびやかすことになる。こうしたなか，地域社会では戦乱が絶え間なく続く状況を少しでもおさえようとするさまざまな試みが行われていた。喧嘩両成敗はそうしたなかで登場した解決策の1つであった。
　では，戦国大名がこうした喧嘩両成敗を法として取り込んだ目的は何であったのか。
　戦国大名はこのことにより支配領域のなかで戦乱の発生をおさえ，平和の実現をめざした。それに加え，家臣たちに対して紛争を戦国大名に訴えて出るように求め，すべての紛争解決を戦国大名の裁判に集中させようとした。つまり，戦国大名こそが地域社会での紛争を解決し，平和と秩序を確保することのできる唯一の存在，つまり最高権力者であることを示そうとした。

> **喧嘩両成敗の目的・意図**
> ○ 地域社会の平和を実現する
> ○ 紛争解決を戦国大名の裁判にゆだねさせる　→　戦国大名が最高権力者であることを示す

【解答例】

> 家臣相互の紛争を武力で解決することを禁止して地域の平和を実現するとともに，紛争解決を大名の裁判にゆだねさせ，大名が地域の最高権力者であることを示した。(75字)

10講　中世の経済流通

問1　中世荘園制と流通経済の発展

> 設問の要求
> 　時　期：中世
> 　テーマ：荘園制が流通経済の発展におよぼした影響

　まず，中世荘園制がどのようなしくみで成り立っているのかを確認しよう。

　荘園の所有者（領主）は上皇（院）や女院，摂関，有力な寺院・神社で，最上位の領主として本家と呼ばれ，主に京都や奈良に居住し，各地に散在する荘園の経営を貴族らにまかせた。まかされた人々は領家と呼ばれ，本家と領家をまとめて荘園領主と総称する。領家は実務にすぐれた人物を預所として荘園現地へ派遣し，現地の有力者を下司や公文などに任じ，年貢・公事の徴収などに当たらせた。預所や下司，公文を総称して荘官と呼ぶ。

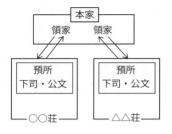

　こうした荘園制のしくみを念頭におけば，年貢・公事が各地の荘園から京都や奈良などの荘園領主のもとへ輸送されることを手がかりに，荘園制と流通経済の関連を考えればよいと判断できる。

　年貢・公事を輸送する必要から，各地の水陸交通の要地には宿や倉庫が設けられていた。なかでも積出港（湊・津）には，倉庫を持ち年貢の保管や委託販売を行う問丸（問）が拠点を構え，馬借や車借といった陸運業者，為替を扱う業者らも集住し，次第に都市（港町）が形成された。

> **荘園制と流通の発展との関連**
> ◦ 年貢・公事の輸送を通じて流通が発展
> ◦ 交通の要地に宿や倉庫＝問丸や馬借・車借，為替を扱う業者らが集住　→　都市へ発展

　もう1つ注目したいのは，鎌倉時代後期に年貢の代銭納（銭納）が広まることの影響である。

　13世紀末に銭貨（宋銭）が中国から大量に輸入され，貨幣として広く使用されるなか，次第に荘園領主は年貢・公事を銭貨で納めることを求めるようになり，年貢の代銭納が広まった。その際，荘官は年貢・公事として徴収した生産物を問丸などを通じて地方市場で販売・換金したため，さまざまな生産物が問丸などから行商人を通じて，需要が見込める京都など各地の消費地に向けて商品として送られた。これも流通経済の発展のあり様である。

> **年貢の代銭納にともなう流通の発展**
> ◦ 年貢・公事で徴収された生産物が地方市場で換金　→　換金された生産物が商品として流通

【解答例】

> 各地の荘園から荘園領主へ年貢・公事を納める必要から物資輸送が発達し，積出港には問丸らが集住して都市が形成され，為替も発達した。鎌倉後期に年貢の代銭納が広まると，換金された生産物が商品として活発に流通した。（102字）

問2　中世における貨幣の流通

> **設問の要求**
> 　時　期：室町・戦国時代
> 　テーマ：①どのような貨幣が使用されたか，②それにはどのような弊害があったか

　10世紀半ば以降，朝廷が銭貨を鋳造せず，一方，中国の宋が鋳造した銭貨（宋銭）が貿易を通じて輸入されたため，鎌倉時代には宋銭が貨幣として普及し，1枚＝1文で使用された。

　室町時代には日明勘合貿易が始まり，明が鋳造した銭貨（永楽通宝などの明銭）も輸入されて使用されたが，貨幣として主に使われたのは従来の宋銭であった。一方，15世紀半ば以降には民間で模造された私鋳銭が多く流通するようになった。まず中国の民間で模造された私鋳銭が輸入され，やがて国内産の私鋳銭も増加した。なかでも国内産の私鋳銭は，宋銭・明銭や中国産の私鋳銭を模してつくられたことなどから，小型で薄く，文字が不鮮明といった粗悪なものも多かった。

　このように室町・戦国時代には，発行者の異なる銭貨が混在し，さらに規格・品質の異なる銭貨が使用されていた。

> **室町・戦国時代に使用された貨幣**
> ◦宋銭や明銭＝中国政府が鋳造
> ◦私鋳銭＝中国や日本の民間で模造
> 〔まとめ〕発行者や規格・品質の異なる銭貨が混在

　規格の異なる銭貨が混在していれば，1枚＝1文で通用するという原則を維持することが次第に困難となる。そのため，15世紀後半から16世紀にかけて撰銭が横行した。撰銭とは，代金の受取りなどに際して粗悪な銭貨の受取りを拒否したり，銭貨の種類によって価格差をつけたりする行為であり，これにより円滑な流通が阻害された。これが弊害である。

> **貨幣使用の実態にともなう弊害**
> ◦撰銭が横行　→　円滑な流通を阻害

　こうした弊害に対し，室町幕府や各地の戦国大名は15世紀末以降，しばしば個別に撰銭令を出し，極端に粗悪な銭貨の使用を禁じる一方，銭貨どうしの交換比率を定め，相対的に信用が低いとされた銭貨も一定の比率のもとで通用することを保証し，流通の円滑化を図った。

　なお，撰銭という行為を規制するのが撰銭令という法令なので，撰銭と撰銭令とを混同しないようにしたい。

【解答例】

> 宋銭や明銭，私鋳銭といった発行者や規格の異なる銭貨が使用され，そのため撰銭が横行して円滑な流通が阻害された。（54字）

問3　土一揆の背景と目的

設問の要求

　時　期：（書かれていないが室町時代・15 世紀）
　テーマ：①正長の土一揆が起こる背景となった社会状況，②土一揆の目的

　前提として，正長の土一揆がどのようなものであったかを確認しておこう。
　正長の土一揆は日本最初の大規模な土一揆とされ，正長元（1428）年，足利義持の死去にともなう将軍家の代替わりに発生した。徳政をかかげて京都内外の土倉・酒屋など高利貸業者（金融業者）を襲い，借用証書を破り捨てた。土一揆とは土民による一揆のこと，土民は庶民を指す言葉で，下層の武士や農民，都市の貧民，馬借など零細な陸運業者らが含まれた。こうした多様な人々が，下層武士の指揮のもとに集まって一揆が結ばれ，集団で共同行動をくり広げ，徳政を実現させた。ここから土一揆の目的が判断できる。

正長の土一揆の目的

　◦徳政の実現＝負債の破棄や貧民への救済を高利貸業者に実行させること

　徳政とはもともと，社会の安定につながる良い政治を指し，あるべき状態に戻すことを意味していた。鎌倉時代後期以降，そこから派生して負債の帳消しや富を持つ者による貧民への施しを意味するようになった。ここで注意しておきたいのは，土一揆に参加した人々は徳政を自分たちの実力で実現させようとしたのであり，幕府に徳政の実施を求めたわけではない点である。幕府には徳政令の発布，つまり，自分たちの実力で行う徳政の公認・追認を求めた。
　続いて，正長の土一揆が起こった背景を「社会状況」という観点から考えよう。
　第一に，近畿周辺では各地で惣村と呼ばれる自治的な村が生まれていた。庶民の間で共同行動が行われた背景の１つである。第二に，室町時代には戦乱が多発し，不安定な気候などもあって飢饉が日常化していた。そのため，村々の農民や馬借らは生活・生存をおびやかされ，高利貸業者に負債をかかえる者が多かった。また，京都など都市に流入する貧民も多数にのぼっていた。第三に，土倉など高利貸業者が広く活動していたことである。近畿周辺には公家や寺社の荘園が多く残り，公家や寺社は土倉らとの間で年貢納入の請け負い契約を結んでいた。こうしたなか，戦乱と飢饉のなかで村々が納められなかった年貢は，土倉らに対する村々の負債となっていた。

正長の土一揆が起こる背景となった社会状況

　◦近畿周辺で自治的な村（惣村）の形成が進む
　◦戦乱と飢饉のなかで生活に苦しむ人々が増加　例）京都へ流入する貧民
　◦土倉・酒屋など高利貸業者が広く活動
　　→ 村々の農民や馬借，下層の武士などに負債が広がる

【解答例】

　近畿周辺で自治的な村が生まれる一方，京都に流入する貧民も増加していた。土倉・酒屋など高利貸業者が広く活動するなか，戦乱と飢饉により困窮した村々の農民や都市の貧民らが，負債の破棄など徳政の実現を求めた。（100 字）

問1　日明勘合貿易

設問の要求

　時　期：（書かれていないが室町時代・15 世紀初め）

　テーマ：足利義満が明と正式に国交を開いて開始した貿易の①目的・意図，②形式

前提として，明がどのような対外政策を採っていたのかを確認しておこう。

　明は漢民族を中心とする伝統的な国際秩序の形成をめざし，周辺諸国に朝貢を求めた。その際，明が国王と認めた人物だけに通交を限るとともに，海禁政策を採って中国人の海外渡航を禁止した。そのため，明の求める形式に応じない限り，中国と安定した貿易を行う道はとざされていた。

　こうしたなか，足利義満はどのようにして明と正式に国交を開き，どのような貿易を始めたのか。

　正式な国交が開かれたきっかけは，1401 年に義満が側近の祖阿らを明に派遣したことである。これに対して明が義満を日本国王に任じ，義満がそれを受け入れたことによって国交が開かれた。そして 1404 年から，明が発行する勘合をたずさえ，日本国王が明に朝貢するという，明の求める形式にのっとって貿易が始まった。勘合は，日本国王が派遣した正式の朝貢使節であることを示す文書であった。

貿易の形式

・日本国王が明に朝貢するという形式＝相手国（明）の求める形式に従う

・明が発行する勘合をたずさえる＝日本国王が派遣した正式の使節であることを示す

こうしたかたちで義満が貿易を開始したのには，次のような目的・意図があった。

　第一に，明から日本国王に任じられることを受け入れ，中国と安定した貿易を行う手段を確保しようとした。

　第二に，貿易が朝貢形式であったため，返礼として豪華な品々が下賜品（回賜品）として与えられたうえ，滞在費は明側が負担し，関税が課されることもなかった。このように日本側にとって利益が大きく，義満はばく大な利益を得ることが期待できた。それゆえ，朝貢形式に応じることにより，貿易の利益を幕府財政に取り込むことを意図していた。

　第三に，貿易には幕府だけでなく，有力守護や寺社も幕府から勘合を譲り受けて参加した。そのため，義満は勘合の分配を通じて求心力を確保し，貿易を統制下におくことが可能であった。

貿易の目的・意図

・中国との安定した貿易を確保する

・貿易の利益を幕府財政に取り込む

・勘合の独占と分配を通じて貿易への統制を確保する

【解答例】

義満は貿易の安定と統制を確保し，貿易の利益を幕府財政に取り込もうとした。貿易は明の求める通り日本国王が明に朝貢する形式を採り，明が発行する勘合をたずさえて行われた。

（82 字）

問2　琉球の中継貿易

> **設問の要求**
>   時　期：15世紀
>   テーマ：琉球貿易の形態
>   条　件：中国の対外政策をふまえる

15世紀の琉球について確認しておこう。
　沖縄本島では14世紀から15世紀初めにかけて，山北・中山・山南の3つの勢力（三山）が並立して争っていたが，1429年に中山王尚巴志が統一し，首里を都とする琉球王国が成立した。那覇を拠点に活発な貿易活動を行い，東アジアや東南アジアの諸地域を結んで中継貿易で繁栄した。
　なお，東アジアや東南アジアの諸地域をまとめて環シナ海域と表現してもよい。

琉球の貿易活動
。中継貿易に従事＝環シナ海域（環シナ海の諸地域）を結ぶ

　では，こうした琉球の動向は中国の対外政策とどのように関連しているのか。
　まず念頭におきたいのは，宋や元の時代，つまり10世紀後半から14世紀半ばころまでは中国人が環シナ海の諸地域に商船を派遣し，貿易活動を積極的に行っていたのに対し，1368年に成立した明が海禁政策を採用し，中国人の海外渡航と海上貿易を禁じたことである。つまり，15世紀には中国人が環シナ海域で貿易に従事することができなくなっていた。こうした情勢のもと，琉球船が中国商船にかわって環シナ海域で貿易活動をくり広げていた。
　もう1つ，明が琉球優遇策を採ったことも，琉球が中継貿易で繁栄した背景として理解しておきたい。
　海禁政策を採用すると貿易が縮小し，その結果，中国の民間商人が密貿易に従事し，海賊化する危険性があった。そこで，明は秩序の安定を図るため，琉球を優遇した。琉球に毎年の朝貢を許可するとともに，日本とは異なり，勘合の所持を必要としなかった。また，貿易に必要な大型船舶や航海・造船・外交文書作成などの技術者を無償で提供した。こうした明から渡来した中国人技術者たちが，那覇に居留する中国系商人らとともに琉球の貿易・外交を中心的に担った。

中国の対外政策
。海禁政策を採って中国人の海外渡航と海上貿易を禁止
。貿易の縮小を琉球を優遇することで補う

【解答例】
> 明が中国人の海外渡航や海上貿易を禁じるとともに，それにともなう貿易の縮小を補うため琉球を優遇した。これらを背景として，琉球は環シナ海の諸地域との間で交易を活発に行い，中継貿易の拠点として繁栄した。（98字）

問1　鎌倉時代の仏教界

> **設問の要求**
> 　時　期：鎌倉時代（12 世紀末～ 14 世紀前半）
> 　テーマ：なぜ天台宗や真言宗が「中世仏教の主流派」といえるのか

　「主流派」は抽象的な表現なので，天台宗や真言宗が政治・社会のなかで大きな影響力を持っていたことを具体的に説明したい。その際，「天台宗や真言宗」という宗派そのものだけでなく，それぞれの有力な寺院にも注目しながら考えるとよい。

　両宗派は平安時代初期に唐から伝えられ，重視する経典は異なるものの，密教を取り入れているという共通点を持っていた。密教は加持祈禱（祈祷）という荘厳な儀式によって現世利益に応えたため，両宗派は天皇や皇族，貴族たちの支持を集めた。さらに両宗派の僧侶たちは，従来の法相宗など南都六宗とともに，国家の安泰（鎮護国家）や豊作（五穀豊穣）を祈る法会や祈禱にも従事した。

　こうしたなかで平安時代中期以降，仏教勢力は国家と仏教が協調してこそ政治・社会は安定すると唱え，朝廷や上皇・摂関らに保護・便宜を求めた。たとえば，天台宗の本山である延暦寺の僧兵が強訴をくり返したのは，その一例であった。一方，上皇・摂関らは仏教の振興を図り，天台宗や真言宗などの有力寺院を国家に奉仕すべき存在として位置づけて，統制をめざした。

　この結果，平安時代後期から鎌倉時代にかけて，有力寺院は多くの荘園を各地に持ち，天皇家や摂関家，そして鎌倉幕府と並ぶ権力者として大きな勢力を誇った。さらに，当時は農業などの生産が自然に依存する度合いが強く，飢饉から逃れるためには神仏への豊作祈願が求められた。そのため，有力寺院の僧侶が行う法会や祈禱は民衆にとっても必要なものであり，社会に広く浸透した。

> **天台宗や真言宗の，政治・社会への影響力の大きさ**
> ・国家の安泰（鎮護国家）や豊作（五穀豊穣）を祈る
> 　→ 朝廷（天皇・貴族）や幕府，民衆に浸透・影響力を持つ
> ・多くの荘園を持つ＝天皇家などと並ぶ権力者（権門）

　なお，院政期末から鎌倉時代に戦乱と飢饉が相次ぐと，有力寺院の行う法会や祈禱の効果が薄いのではないかと疑念が生じた。そのため，戒律の復興につとめて旧仏教を刷新しようとする動き（たとえば律宗）や，新しい国家安泰のための仏教として宋（南宋）から禅宗（臨済宗や曹洞宗）を導入しようとする動きが進んだ。一方，阿弥陀仏や法華経にすがることによって平等に救われると説く僧侶の活動も広がる。専修念仏の流れをくむ浄土宗や浄土真宗，時宗，そして法華経信仰に基づく日蓮宗である。そのなかで律宗と禅宗（特に臨済宗）は鎌倉時代後期以降，幕府や朝廷の信頼を得て活動したものの，浄土真宗や日蓮宗などが社会に広く浸透するのは少なくとも室町・戦国時代以降のことであった。

【解答例】

> 天台宗や真言宗の有力寺院は多くの荘園を持ったうえ，国家の安泰や豊作を神仏に祈ることを通じて朝廷や幕府，民衆に影響力を持っていた。（64 字）

問2　室町文化

> 設問の要求
>
> 　時　期：15 世紀前半
>
> 　テーマ：日本文化の特徴
>
> 　条　件：①中国との関わりに注目する
>
> 　　　　　②3 つの指定語句を使用する（水墨画・五山・絶海中津）

　指定語句がある場合，それらの語句を手がかりとして関連する知識を連想していくという解法をとってはならない。まず，テーマに即して知識（まとめや具体例）を整理し，そのうえで指定語句をどのように配置すればよいかを考えたい。

　では，15 世紀前半つまり 3 代足利義満の晩年から 4 代義持，6 代義教の時代にどのような文化が展開したのかを確認しよう。その際，鎌倉時代と対比することで「特徴」を明確にしたい。

　鎌倉時代には，公家が伝統文化を受け継ぐ一方，禅宗など南宋・元の新しい中国文化が伝わり，また，武家や庶民に支持された新しい文化が形成された。

　それに対して室町時代，なかでも 15 世紀は，中国文化（宋・元文化）が浸透するとともに文化の融合が進み，武家や公家，禅僧，そして庶民など，身分の違いをこえて共同で楽しむ文化が展開した。ここに鎌倉時代の文化との違い，つまり室町文化の特徴がある。具体的には，第一に，室町幕府が五山の制を整備するなど禅宗を保護し，明や朝鮮など東アジア諸国との交流にあたって五山派の禅僧を重用したことを背景として，禅宗を中心に中国文化が浸透した。第二に，幕府が京都におかれて有力な守護が在京し，将軍・守護ら武家が公家や禅僧らと日常的な交流を深めたことを背景として，中国文化と伝統的な公家文化の融合が進んだ。第三に，相次ぐ戦乱と飢饉のなかでも惣村や都市の商工業者らが力をつけたことを背景として民間芸能が広まり，武家や公家などにも身分をこえて受容され，さらに公家文化の美意識をくみ入れて洗練されていった。

　このことを 15 世紀前半における具体例とともに整理すると，次のようになる。

> 15 世紀前半の文化
>
> ○禅宗を中心に中国文化（宋・元文化）が浸透する
>
> 　具体例：五山派の禅僧が漢詩文を創作（五山文学が興隆），水墨画をえがく
>
> ○中国文化と伝統的な公家文化の融合が進む
>
> 　具体例：鹿苑寺金閣＝禅宗寺院の禅宗様（中国文化）と伝統的な寝殿造風などを折衷
>
> ○民間芸能が身分を問わず広まる
>
> 　具体例：世阿弥らが猿楽能を完成

【解答例】

> 明との交流が盛んになるなか，絶海中津ら五山派の禅僧により漢詩文が創作され，水墨画がえがかれるなど中国文化が浸透し，中国文化と伝統文化の融合が進んだ。民間芸能も身分をこえて広まり，猿楽能が大成された。（99 字）

問1　太閤検地と年貢徴収のしくみ

設問の要求

　時　　期：（書かれていないが 16 世紀末の豊臣政権期）

　テーマ：太閤検地の画期性

　条　　件：年貢徴収のしくみという観点からみる

　太閤検地とは何か，定義を確認しよう。

　豊臣政権は全国統一事業のなかで新しく獲得した領地において土地調査を行っており，この土地調査を太閤検地と呼ぶ。豊臣政権は長さ・面積の単位や枡を統一したうえ，役人を派遣して田や畑，屋敷地を一区画ごとに調査し，面積をはかり等級を見積もって石高を定め，それらの内容を村ごとにまとめて検地帳に登録した。こうして村の土地と境界，そして村全体の石高（村高）を確定した。

　この結果，第一に，土地の価値を「○○石○○斗○○升○○合」（1 石 = 10 斗，1 斗 = 10 升，1 升 = 10 合）のように米の量（米建て）で表示する石高制が全国的に整い，村々から年貢や諸役を徴収する際の基準が統一された。第二に，村が百姓を支配する基本単位として把握され，村高に応じて年貢や諸役を賦課し，その納入を村に請け負わせるしくみの基礎が全国的に整った。

　これらのうち，「年貢徴収のしくみ」という観点に即した内容は，次の 2 点である。

太閤検地によって整った年貢徴収のしくみ

。石高が全国的に年貢徴収の統一基準とされた

。村と村高が把握され，村請制の基礎が全国的に整った

　次に，これらが太閤検地の画期性なのかを考えたい。その際，画期が古い時代と新しい時代とを分けることである点に留意し，これらが以前の時代と太閤検地との違いなのかを確認したい。

　第一に，室町・戦国時代には年貢徴収に際しての全国的な統一基準は存在しなかった。室町時代まで荘園制が続き，年貢をどのように徴収するのかは領主ごと，荘園ごとに違いがあった。また，戦国時代に各地で領国支配を進めた戦国大名のなかには，貫高制を採用して領国内での統一基準を定めた者がいたが，その基準は大名によって異なっていた。したがって，石高が全国的に定められ，年貢徴収の統一的な基準として採用されたことは，太閤検地の新しさである。

　第二に，室町時代に惣村が成長するのにともない，年貢納入をまとめて請け負う地下請（百姓請）がしばしば行われていた。これは，荘園制のもとで年貢徴収を実質的に担っていた村々が，守護や代官などの干渉を排除し，荘園の領主と請け負い契約を一時的に結んだものであった。それに対して，個々の領主との間で結ばれる一時的な契約ではなく，村請を全国的で恒常的な制度として整える基礎を作ったのが太閤検地であった。これもまた太閤検地の画期性と考えることができる。

【解答例】

　太閤検地によって村と村全体の石高が全国的に把握され，その結果，村高に応じた年貢を村の責任で納入する村請制の基礎が整った。（60 字）

問2　石高制と武士どうしの主従関係

> **設問の要求**
> 　時　期：（書かれていないが豊臣政権期～江戸時代）
> 　テーマ：武士どうしの主従関係において石高が果たした役割

　まず，主従関係がどのようなものかを確認しておく。

　主従関係とは主人と従者の間に結ばれた関係で，主人が従者を保護する一方，従者は主人に仕えた。武士どうしの間では，主人は従者に対して御恩（恩賞）として領地（領知）や俸禄（禄米）を与え，従者は主人に対して奉公として軍役や番役をつとめた。

　次に，石高についてである。石高は一般に土地の価値を「○○石○○斗○○升○○合」のように米の量（米建て）で表示した数値であり，石高を基準として組み立てられた社会のしくみを石高制という。豊臣政権の政策を通じて全国的に整えられ，江戸幕府もそれを継承した。

　こうした石高制の成立に関わる豊臣政権の政策には，次の2つがある。1つは，豊臣政権が全国統一の過程で新しく獲得した領地で順次実施した検地（太閤検地）であり，もう1つは，全国統一が実現した翌年（1591年），すべての大名に命じて国ごとの検地帳（御前帳）と絵図（国絵図）を提出させた政策である。この2つを区別しながら，石高の役割を考えたい。

　まず1つめの政策，太閤検地についてである。問1で確認したように，これによって村と村高（村の石高）が全国的に定まり，石高は村々が納入する年貢の基準額という役割を果たした。そのうえで，豊臣政権は村々を直轄地にくみ入れたり，諸大名に対して領地として支給したりした。その際，豊臣政権は諸大名に対して合戦などでの功績に応じて石高を与えたうえで，石高にみあった領地をあてがった。大名にとって石高は受け取る年貢の基準額という意味を持っており，大名は領地の村々から年貢を直接徴収して収入とした。なお，領地ではなく俸禄を給与される場合もあり，江戸幕府では将軍直属の家臣である旗本の多くや御家人は俸禄を受け取った。

　一方，2つめの政策によってすべての大名の石高が正式に定められた。この結果，大名はその石高にみあった規模の軍隊を常備し，動員すること（軍役）が義務づけられた。

　ここまでの内容のうち，武士の主従関係に関係する点をまとめれば次の通りである。

> **武士どうしの主従関係において石高が果たした役割**
> ○主人から従者へ＝石高を給付　→　石高に応じて領地や俸禄を与える
> ○従者から主人へ＝石高に応じた軍役を負担する

　つまり，石高は御恩と奉公の両面において基準という役割を果たしたといえる。

【解答例】

> 主人が従者に対し功績に応じて与えた石高は，御恩と奉公それぞれの基準となった。（38字）
> 〔別解〕主人は従者に対し石高に応じた領地や俸禄を与え，従者は石高に応じた軍役を負担した。
> 　　　　　　　　　　　　　　　　　　　　　　　　　　　　　　　　　　　　　（40字）

問3　刀狩令の意義

設問の要求

　時　期：（書かれていないが 16 世紀末の豊臣政権期）

　テーマ：刀狩令の持つ歴史上の意義

　条　件：刀狩令によって地域社会がどのように変わったかに注目する

　刀狩令は 1588 年，豊臣政権によって出された。前年に島津氏を降伏させたものの九州支配がいまだ安定しない情勢のもとで出され，同時期に出された海賊取締令とともに，武力をともなう紛争を抑え秩序の安定をめざす政策の 1 つであった。3 カ条からなり，次のような内容を含んでいた。

刀狩令の内容

◦ 百姓が刀など武器（武具）を所持することを禁止する

◦ 取り上げた刀などは方広寺大仏殿の釘などに利用するので，来世の救済が約束される

◦ 百姓は農具を持ち耕作に専念すべき

　室町・戦国時代においては，村々の百姓たちは常に武装し，自力で紛争の解決にあたっていた。村内の治安維持や近隣の村々との紛争解決において百姓たちは公然と武器を使用していた。

　ところが，豊臣政権は全国統一を進めるなか，方広寺大仏への利用を口実として村々の百姓から武器を没収して自力による紛争の解決を抑えるとともに，百姓を耕作に専念させようとした。

　もっとも，百姓の手元から武器を根こそぎ没収し，村と百姓を武装解除したわけではない。村々に多くの武器があることを前提に，百姓に対して刀を所持・携帯し，使用することを禁じたのが刀狩令であった。一方で，武士や戦闘補助員の足軽など武家奉公人には刀を持ち使用することを認めた。つまり，帯刀（刀の所持・携帯）が身分を分ける目印とされ，兵農分離の基礎が整った。

　これらの内容のうち，刀狩令によって実現したことを抜き出せば，意義を説明することができる。

刀狩令の意義

◦ 村々が紛争を自力で解決すること（自力救済）を抑える

◦ 百姓に耕作専念を求める，刀の所持・使用により武士と百姓の区別を可視化 → 兵農を分離

　なお，刀狩令以降，江戸時代においても，百姓は刀や鉄砲などの武器を所持し，主に農業に関連して使っていた。たとえば，百姓が新しく田畑の開発を進めるとイノシシやシカなど野生の鳥獣のテリトリーを侵すことになり，そのため，イノシシやシカなどが農作物などに被害をもたらすことが増えていく。このような野生獣に対応するため，武器をしばしば使用していた。

【解答例】

刀狩令は村々の自力救済を抑えるとともに，百姓に耕作への専念を求め，刀の所持・使用により兵農の身分を分離する基礎となった。（60 字）

問4　豊臣政権の対外政策

> **設問の要求**
> 　時　期：バテレン追放令の前後なので16世紀末の豊臣政権期
> 　テーマ：バテレン追放令の発布の翌年に実施された貿易に関する諸政策
> 　条　件：3つの指定語句を使用する（イエズス会・長崎・海賊）

　まず，バテレン追放令から確認しておく。これは1587年，豊臣政権が島津氏を降伏させて九州を平定した後に博多で出したもので，次のような内容を含んでいた。

　バテレン追放令の内容
　◦神国思想をもとに，仏法のさまたげとなる宣教師（バテレン）の布教活動を禁じる
　◦宣教師に国外退去を求める
　◦ポルトガル船やスペイン船による貿易（南蛮貿易）は奨励する

　南蛮貿易は16世紀半ばに始まって以降，キリスト教の布教活動と密接な関係にあった。宣教師が商船の往来を仲介しており，ポルトガル船やスペイン船は布教が認められた大名領にだけ入港した。そうしたなかで長崎は1580年，大村純忠の寄進によりイエズス会領となっていた。

　このような背景をふまえれば，バテレン追放令は宣教師の活動を制限することにより，貿易の主導権をイエズス会など教会勢力から豊臣政権のもとに移すことを意図していたことがわかる。

　続いて，このことを前提としつつ，バテレン追放令を出した翌年に実施された貿易政策を考えよう。その際，設問では「諸政策」とある点に注目し，複数の政策を考えたい。

　1つめの政策は，長崎の直轄化である。豊臣政権はイエズス会から長崎を没収して直轄地とすることにより，南蛮貿易の拠点の1つを支配下においた。そして同地での貿易を掌握するとともに，大名らが個別に関わっていた南蛮貿易に対し，直轄地の長崎を通じた統制・支配をめざした。

　2つめの政策は，海賊取締令（海賊停止令）の発布である。日本人・外国人の区別なく，倭寇など国内や沿海での海賊行為を禁じたもので，海上支配の強化を意図していた。貿易という観点からいえば，支配下の豪商らの商船を保護して安全に貿易できる環境を整えることを目的とした政策であった。

> **豊臣政権の貿易に関する諸政策**
> ◦長崎の直轄化＝イエズス会領を没収　→　南蛮貿易の統制を意図
> ◦海賊取締令＝（倭寇などの）海賊行為を禁止　→　商船を保護・安全を保障

　なお，バテレン追放令の内容や意図・目的は問われていないので，書く必要はない。

【解答例】

> 　南蛮貿易の統制を意図し，貿易の拠点の1つであった<u>長崎</u>を<u>イエズス会</u>から没収して直轄地とした。一方，<u>海賊取締令</u>により海賊行為を禁じ，貿易を行う商船の安全を保障した。（80字）

問1　江戸時代の大名と江戸の関係

> **設問の要求**
> 　時　期：江戸時代
> 　テーマ：なぜ江戸時代の藩主たちは江戸を中心とした生活を送ったのか
> 　条　件：江戸幕府の法令・制度に基づく

「江戸を中心とした生活」という表現を，「江戸で」生活していたことと，江戸だけでなく他の場所でも生活していたことの2つに分けて考えたい。

まず，「江戸で」生活していた点である。藩主（大名）が江戸で生活していたということは，江戸に大名の邸宅があったということである。その邸宅を藩邸（大名屋敷）という。そこには大名だけでなく，その妻子や藩士（家臣）らも居住していた。

次に，大名が江戸だけでなく他の場所でも生活していた点である。これは参勤交代を思い浮かべたい。

参勤交代は大名が原則として1年おきに江戸と国元（領地）を往復するもので，3代将軍徳川家光が1635年に発布した寛永の武家諸法度により，毎年4月（旧暦）に江戸におもむき1年間滞在することと定められた。その際，すべての大名がいっせいに江戸に来て，いっせいに国元にもどるのではなく，半数ずつ交替で行き来することとされ，大名の約半数が常時江戸に滞在した。

このように大名は江戸と国元の二重生活を送っていた。ここで注意しておきたいのは，大名の妻子は人質として扱われ，常に江戸に居住することが強制されていた点である。ここから，大名の子（なかでも正妻の子）はたいてい江戸で生まれ育ったことがわかる。したがって大名は，幼少期は江戸で生活し，藩主の地位を相続した後に初めて国元におもむくのが一般的であった。このことが藩主（大名）が「江戸を中心に」生活していたことである。

> **藩主（大名）が江戸を中心とした生活を送っていたこと**
> ○妻子は江戸に居住することを強制されていた
> ○藩主（大名）は参勤交代（江戸と国元の往復）を義務づけられていた
> 　→ 江戸に藩邸（大名屋敷）を持ち生活していた

ところで，参勤とは大名（従者）が将軍（主人）のもとに出向いて仕えることで，大名が将軍に忠誠を示す行為である。この時期と期間を固定し，制度として整えたのが寛永の武家諸法度であり，参勤交代は将軍と大名の主従関係を確認するための儀礼として制度化された。参勤交代にともなう江戸での生活により，結果として大名は支出が増加し，財政難におちいったが，大名に財政負担を強いるために義務づけられたものではない。結果と目的を混同しないように注意したい。

【解答例】
> 寛永の武家諸法度で参勤交代が制度化され，藩主は江戸と国元の往復を義務づけられたうえ，妻子は江戸に居住することを強制された。そのため，江戸に藩邸を構えて生活を送った。(82字)

問2　江戸時代初期の幕府と朝廷

> **設問の要求**
> 　時　期：(書かれていないが 17 世紀前半)
> 　テーマ：紫衣事件について

　紫衣事件とは，1627 年，後水尾天皇による紫衣着用の勅許（許可）を江戸幕府が無効とした出来事である。設問のなかで紫衣事件は「朝廷（天皇）の勅許よりも幕府（将軍）の法度が優先することが示された事件」であると書かれているので，この抽象的な内容をより具体化して説明することを中心に考えていくとよい。

　まず，「朝廷（天皇）の勅許」は後水尾天皇が大徳寺の禅僧らに紫衣の着用を勅許したことを指す。次に，「幕府（将軍）の法度」は禁中並公家諸法度を指す。

　禁中並公家諸法度は天皇や公家の行動・権限を規制するため，1615 年，その心得として幕府主導で定めたもので，そのなかで紫衣着用の勅許については慎重に行うことと定めていた。それより以前，幕府は大徳寺や妙心寺などの住職（住持職）について勅許する以前に幕府に報告して了解を得ることと定めており，それを引き継いだものである。

　最後に，「朝廷（天皇）の勅許よりも幕府（将軍）の法度が優先することが示された」とはどういうことか。

　これは，幕府（将軍）が定めた禁中並公家諸法度に基づいて，朝廷（天皇）による紫衣勅許を無効としたことを指す。具体的には，後水尾天皇が幕府への事前報告をせずに大徳寺・妙心寺の禅僧に紫衣の着用を勅許したことについて，幕府が禁中並公家諸法度の趣旨に反しているという理由で無効とした出来事である。さらに，これに抗議した大徳寺の禅僧沢庵（沢庵宗彭）らを，幕府は1629 年に処罰している。

> **紫衣事件**
> ◦根拠＝禁中並公家諸法度で紫衣勅許を制限
> ◦背景＝後水尾天皇が幕府の了解なしに紫衣の着用を勅許
> ◦内容＝幕府が後水尾天皇による紫衣勅許を法度違反として無効にした
> 　　　　→ 抗議した禅僧沢庵らを幕府が処罰
> ◦意義＝幕府の法度が天皇の勅許より優先することが示された

　なお，紫衣事件をきっかけとして，1629 年，後水尾天皇が幕府の同意を求めずに突如，娘（明正天皇）に譲位したことにも注意しておきたい。幕府は，明正天皇が徳川秀忠の娘和子（東福門院）と後水尾天皇の間に生まれた皇女であったこともあって追認こそしたものの，これ以降，摂家（摂政・関白）と公家のなかから選ばれた武家伝奏とに命じて朝廷統制を徹底させることにつながった。

【解答例】

> 　幕府は，禁中並公家諸法度で紫衣勅許を制限したものの後水尾天皇が順守しなかったため，幕府の了解がない紫衣を無効とし，抗議した禅僧沢庵らを処罰した。(72 字)

問3　武家社会の安定

> **設問の要求**
> 　時　期：（書かれていないが 17 世紀後半）
> 　テーマ：殉死の禁止が下剋上の否定となる理由

　まず，殉死とは何か，定義を確認しよう。

　殉死とは，従者（家臣）が主人（主君）の死去に際してあとを追って自殺（切腹）することである。江戸時代初期には戦乱が少なくなり，合戦で功績をあげるというかたちで主人に対して忠誠を示す機会が減ったため，殉死が盛んに行われるようになっていた。つまり，殉死とは主人への忠誠心の現われであり，一種の奉公であった。

　次に，いつ殉死が禁止されたのかを確認しよう。

　17 世紀後半，4 代将軍徳川家綱が成人したことをうけて 1663 年，寛文の武家諸法度が発布された際，口頭で申し渡された。そして，5 代将軍徳川綱吉が 1683 年に出した天和の武家諸法度において，末期養子の禁の緩和とともに条文のなかに書き加えられた。当時，島原・天草一揆（島原の乱）を最後に戦乱が終焉しており，幕府や諸藩では統治機構が整い，社会秩序の安定を図る政策が進められていた。こうした情勢のもとで殉死が禁止された。

　では，殉死を禁止するとはどういうことかを確認しよう。

　その際，殉死する人物にとって忠誠を示し奉公すべき対象は，死去した主人個人であったことを意識したい。このことを前提とすれば，殉死の禁止とは，あとを継いだ後継者を新たな主人と仰いで奉公することを強制することを意味すると判断できる。つまり，従者による奉公の対象が主人個人（主人 1 代ごと）から，代々の主人いいかえれば主家（主人の家）に変化することを促したのが殉死の禁止という政策であった。

> **殉死を禁止することの意味・意義**
> ○従者が主人の死後，あとを継いだ後継者を主人として奉公することが義務づけられた
> 　→ 従者による奉公の対象が主人個人から主家へ変化することを促す

　さて，こうした内容と意義を持つ殉死の禁止は，どうして下剋上の否定につながるのか。

　下剋上は，従者（家臣）が主人（主君）の地位を取って替わることである。ところが，殉死の禁止は従者に対して主家，つまり代々の主人に永続的に従属し，代々奉公することを求める政策であった。したがって，殉死の禁止は間接的に下剋上を否定する政策という性格を持っていたと判断できる。

【解答例】

> 殉死の禁止により，家臣は主人の死後，あと継ぎの新しい主人に奉公することを義務づけられた。その結果，家臣による奉公の対象が主人個人から主人の家へと変化し，家臣が主人の地位を取って替わる下剋上が否定された。（101 字）

問1　四口での貿易管理のしくみ

設問の要求

　時　期：17 ～ 18 世紀（江戸時代）
　テーマ：長崎口とそれ以外の3つの口との間にみられる幕府の管理政策上の相違点

　江戸時代における，長崎口とそれ以外の対馬・鹿児島（薩摩）・松前の3つの口での管理とは，対外交易（貿易）を1つの都市（長崎）と3大名（宗氏・島津氏・松前氏）とによる4つの窓口（四口）に限り，江戸幕府が統括するしくみであり，17世紀半ば，3代将軍徳川家光の時期に整った。

　まず，長崎口についてである。長崎は幕府の直轄地で，オランダ船と中国船が来航して長崎奉行の管理・統制下で貿易が行われ，幕府以外の大名の関与が排除された。

　17世紀初め，さまざまなヨーロッパ船や中国船が各地に来航し，幕府が東南アジア地域へ日本人が渡航することを認めていた。その結果，各地で貿易が盛んに行われていた。ところが幕府は，1613年にキリスト教禁止令（禁教令）を全国に発して以降，禁教を徹底する目的で貿易を厳しく制限した。これを鎖国政策と呼ぶことがある。幕府はこうした鎖国政策を進め，最終的には徳川家光の時期に，日本人の海外渡航・帰国を禁止するとともに，ヨーロッパ船の来航はオランダのみに限り，オランダ船と中国船の寄港地を長崎に限った。そして18世紀初め，7代将軍徳川家継の時期に海舶互市新例（正徳新令・長崎新令）を定めて統制のしくみを整備した。

長崎口の管理

・幕府が直轄（長崎奉行が管理）
・オランダ船と中国船が来航して貿易

　次に，長崎以外の3つの口についてである。対馬は宗氏，鹿児島は島津氏，松前は松前氏の領地で，徳川家康の時期以降，幕府はその3大名にそれぞれ朝鮮，琉球，蝦夷地との交易（貿易）を認めて独占させていた。

　なお，幕府はそれらの交易（貿易）から利益を得ていなかったことに注意しておきたい。

他の3つの口の管理

・それぞれの大名に独占させる
・対馬口　＝宗氏が朝鮮との貿易を独占，朝鮮の釜山で交易
・鹿児島口＝島津氏が琉球王国を支配，琉球の通商権をにぎる
・松前口　＝松前氏が蝦夷地との交易を独占，蝦夷地各地の商場でアイヌと交易

　以上の知識のなかから，貿易の管理に関する部分だけを抜き出して答案をまとめたい。

【解答例】

長崎での貿易は幕府が直轄したが，対馬・鹿児島・松前はそれぞれ宗氏・島津氏・松前氏に貿易を独占させた。（50字）

問2　江戸幕府と琉球との関係

> 設問の要求
>   時　期：江戸時代
>   テーマ：琉球から幕府に派遣された使節が異国風を強調した装いであったことの意味

　誰にとっての意味が問われているのかを，いくつかの立場・視点から考えたい。使節が琉球から江戸幕府に派遣されるのだから，まずは幕府と琉球の関係から考えてみたい。
　琉球は国王の代替わりに謝恩使，将軍の代替わりに慶賀使を送り，幕府への服属の姿勢を示していた。これらの琉球使節が異国風を強調した装いであることは，異国が将軍のもとに訪れていることを人々に見せつける効果をもった。ここから幕府にとっての意味（意義）を考えることができる。幕府が異国を従えていること，つまり将軍の支配・権威が異国にまでおよぶことを示す意味を持った。

　幕府にとっての意味
　　◦幕府が異国を従えていること，将軍の権威が異国にまでおよぶことを示す

　次に，琉球にとってはどのような意味があったのか。
　琉球は1609年，幕府の承認のもと，薩摩の島津家久によって征服され，それ以降，薩摩藩の支配下におかれた。しかし，独立国としての体裁は残り，中国（はじめ明，のち清）への朝貢が継続した。つまり，琉球は幕府と中国と二重の外交体制を持っていた。このことは，幕府にとって当初，豊臣政権による朝鮮出兵で交戦した明との関係改善をめざして交渉を行う手段の1つと考えられており，薩摩藩にとっては琉球の朝貢貿易を支配することで利益を得ることが期待できた。
　琉球にとって，こうした関係のなかで幕府から異国として扱われることは，独立した国家であることを強く意識し，薩摩藩の支配からの相対的な自立性を確保する1つの根拠となった。

　琉球にとっての意味
　　◦独立した国家であること，薩摩藩からの相対的な自立性を示す

　ところで，琉球を支配下におく薩摩藩（島津氏）にとっての意味はなかったのか。
　琉球使節は島津氏にともなわれて江戸まで行くのが慣例であった。そのため，薩摩藩にとっては他大名に対してみずからが特別な存在であることを示す行為であり，幕藩体制内における地位を高める効果が期待できた。この視点は難しいかもしれないが，答案に書き込みたい。

　薩摩藩（島津氏）にとっての意味
　　◦幕藩体制のなかで地位を高める，独自の存在感を示す効果

【解答例】
　琉球にとっては独立国であることを示し，薩摩藩にとっては幕藩体制のなかでの地位を高め，幕府にとっては異国を従えているという威信を示す意味を持った。（72字）

問3　寺請制度

> **設問の要求**
> 　時　期：島原の乱後
> 　テーマ：江戸幕府が仏教寺院を利用してキリスト教の根絶を図った制度

　前提として、島原の乱（島原・天草一揆）について確認しておこう。
　江戸幕府はキリスト教禁止令（禁教令）を発して以降、宣教師や信者に対して処刑や国外追放など迫害を加える一方、仏教への改宗を強制した。ところが、信者のなかには、表面的には改宗しながらひそかに信仰を維持した潜伏キリシタンがいた。1637年、島原・天草地方で起きた島原の乱は、領主が厳しく年貢を取り立てるなか、潜伏キリシタンたちがキリスト教の信仰に立ち帰り、キリスト教信者ではない地域住民をもまき込んで蜂起した事件であり、幕府に脅威を与えた。
　この事件をきっかけとして幕府はキリスト教徒の根絶を図る政策をとった。対外面では、乱の鎮圧後、ポルトガル船の来航を禁じ、オランダ商館を平戸から長崎の出島に移して隔離した。国内面では、寺請制度を導入した。設問では、この制度について説明することが求められている。
　寺請制度は、人々が檀那（檀家）であることを寺院が証明し、それにより人々がキリスト教徒でないことの証明を仏教寺院が請け負う制度であり、武士や神職を含め、すべての人々が対象とされた。人々がどの寺院の檀那であるかは、宗門改帳（宗旨人別帳）に記載された。

> **寺請制度**
> ◦宗門改帳（宗旨人別帳）を作成
> 　→ 人々が檀那（檀家）であることを仏教寺院が証明する

　寺請制度の前提にあるのは、すべての人々がどこかの寺院の檀那（檀家）となる、言い換えれば、どこかの寺院を檀那寺とすることである。檀那（檀家）となることは葬祭、つまり死者を葬り、祖先を供養することを寺院にゆだねることであり、このしくみを寺檀制度という。中世以来、このしくみが広まりつつあったことを活用し、幕府は武士や神職も含めてすべての人々に寺檀制度を強制しながら、寺請制度を導入した。

> **寺請制度の前提**
> ◦寺檀制度＝人々がどこかの仏教寺院の檀那（檀家）となる

　この結果、すべての人々は仏教の信者で、キリスト教徒は存在しないこととなった。もっとも、これはあくまで書類上のことであり、実際にはキリスト教の信仰を保ち続ける人々が残った。それが潜伏キリシタンである。
　なお、4代将軍徳川家綱の時代には仏教宗派のなかで日蓮宗不受不施派が禁制とされ、寺請制度により、信徒でないことを示す対象として新しく追加された。これは、幕府が全国の寺院・神社に対して所領を安堵する文書を給付した際、不受不施派が受け取りを拒否したためであった。

【解答例】

> 人々がどこかの仏教寺院の檀那となって葬祭をゆだねる寺檀制度を前提として、幕府は寺請制度を設けて宗門改帳を作成させ、どこかの寺院の檀那であることを証明させた。(78字)

問1　百姓とは何か

> **設問の要求**
>
> 　時　期：近世
>
> 　テーマ：百姓と農民の関係
>
> 　条　件：百姓と農民の重ならない点（不一致点）を2つあげる

　百姓は村の（正規の）構成員のことで，本百姓・高持百姓とも呼ぶ。検地帳に登録された田畑・屋敷地を所持（所有）する権利を持ち，持ち分の石高にみあった年貢・諸役を負担する義務を負うとともに，村政に参加する資格を持ち，村の取り決めなどの書類に署名した。つまり，領主（幕府や諸藩）や村との関係のなかで用いられる制度上の呼び方であった。

　一方，農民は農業で生計を立てる人々，言い換えれば，農業を主な生業とする人々のことで，制度ではなく生業に即した呼び方である。この場合，土地を所持しているかどうかは問わない。

> **百姓と農民の定義**
>
> ◦ 百姓＝村の（正規の）構成員
>
> 　田畑・屋敷地を持つ　→　年貢・諸役を負担する
>
> 　村政に参加する資格を持つ
>
> ◦ 農民＝農業で生計を立てる（農業を主な生業とする）

　では，百姓と農民は同じなのか。

　百姓は田畑を持っているのだから農業を行っているだろう。しかし，みなが農業で生計を立てているとは限らない。村には山村や漁村，商工業者が集住する在郷町が含まれる。つまり，百姓のなかには林業や漁業，商工業などに従事し，それらを主な生業とする人々もいた。ここに農民と重ならない点の1つがある。

　さらに，農民だからといって村の構成員であるとは限らない。たとえば，村の領域のなかには百姓（本百姓）だけでなく水呑（無高）も居住していた。水呑は田畑を持たず，地主から田畑を借りて小作をいとなんでおり，それゆえ，村の構成員ではなく，村政に参加する資格を持たなかった。また，農業に従事していても，死牛馬の処理を役目とし，皮革の製造・わら細工などに従事したかわた（えた）という身分に位置づけられた人々もいた。これが重ならない点の2つめである。

> **百姓と農民の重ならない点（不一致点）**
>
> ◦ 百姓のなかに農民ではない人々がいる　例）林業・漁業・商工業などを主な生業とする人々
>
> ◦ 農民のなかには百姓ではない人々がいる　例）水呑は田畑を持たず小作をいとなむ

【解答例】

> 百姓は検地帳に登録された田畑・屋敷地を持ち，年貢・諸役をつとめた村の構成員を指す。百姓がみな農業に従事する農民ではなく，林業・漁業等にたずさわる者もいた。一方，農民には水呑やかわた身分に属する者もいた。（101 字）

問2　江戸時代における農業の発展

```
設問の要求
  時　期：江戸時代
  テーマ：江戸時代の農民経営にふさわしい農業技術の発展
  条　件：具体例として田畑を耕す農具（耕作具）をあげる
```

　まず，当時の農民経営のあり方を確認しておこう。
　検地と新田開発がくり返されるなか，17世紀後半には小経営が広く成立した。小経営とは，ひと組の夫婦を中心とした小さな家族がせまい田畑（耕地）を耕作する小規模な農業経営である。

```
江戸時代の農民経営のあり方
。小経営：ひと組の夫婦を中心とした小さな家族＝少ない働き手（労働力）
　　　　　せまい田畑（耕地）
```

　次に，こうした小経営に対応してどのようなかたちで農業が発展したのかを確認しよう。
　第一に，少ない働き手（労働力）に対応したのが農具の改良である。

```
少ない働き手（労働力）への対応
。改良された農具　例）備中鍬＝深く耕す（深耕）
　　　　　　　　　　　踏車＝水を揚げる（揚水）
　　　　　　　　　　　千歯扱＝稲穂から籾を取り除く（脱穀）
　　　　　　　　　　　唐箕＝米粒と籾殻などを選別する
　　　　　　　　　　　千石簁＝米粒の大小を選別する
。結果＝集約化（労働集約化）が進む
```

　これらの新しい農具は，個々の農作業にかかる人手と時間を少なくする効果を持った。その結果，少ない働き手（労働力）をくり返しつぎ込み，これまでと同じ作業時間で，これまで以上の農作業をこなす形での農業の発展を促した。これを労働集約化という。
　なお，条件にある「田畑を耕す農具（耕作具）」とは備中鍬である。中世以来，有力農民は田畑を耕すのに牛馬を活用したが，備中鍬は牛馬を持たない小経営の農民に最適な耕作具であった。
　第二に，せまい田畑でより高い収益をあげるため，肥料をくり返しつぎ込みながら，都市での需要に対応して商品作物を栽培し，現金収入を得ることが広まった。肥料では，中世から使われている刈敷や草木灰，下肥などの自給肥料に加えて，即効性に富む干鰯や油粕，〆粕などの購入肥料（金肥）が利用された。商品作物では新しく木綿（綿花）や菜種の栽培が広まった。
　このように江戸時代の農業は，百姓の小経営に対応し，せまい田畑（耕地）に少ない働き手（労働力）と肥料をくり返しつぎ込む，つまり（労働や土地の）集約化をともないながら発展した。

【解答例】
```
江戸時代には夫婦を中心とする小家族がせまい耕地を耕作する小経営が広く成立した。それに
対応して深耕に適した備中鍬が考案され，集約化が進んだ。（69字）
```

問1　米の流通と大坂

> 設問の要求
>
> 　時　　期：江戸時代
>
> 　テーマ：大坂に大量の米が運び込まれた理由
>
> 　条　　件：5つの指定語句を使用する（江戸・大坂・蔵元・参勤交代・年貢米）

　設問では「米が運び込まれた」と書かれているものの，誰が運び込んだのかが明記されていない。したがって，最初にこの点を明確にしておきたい。

　運び込んだ人々は大きく分けて2パターンあった。1つは幕府や諸藩で，彼らが運び込む物資を蔵物と呼ぶ。もう1つは民間商人で，彼らが扱った物資を納屋物と呼ぶ。

　それぞれに即して考えたい。

　まず，蔵物としての米の流通だが，幕府・諸藩の歳入（財政基盤）と歳出（消費支出）の両面に注目しよう。

　幕府・諸藩の歳入（財政基盤）の中心は，それぞれの領地の村々から取り立てる年貢であり，年貢は石高制のもと，主に米で納入された（米納のほかに貨幣納も一部で行われた）。一方，将軍とその家族が江戸で生活しており，大名たちは参勤交代を義務づけられ，江戸を中心とした生活を送っていた。この江戸で生活し，消費支出をまかなうには多額の貨幣が必要であった。

　そこで，幕府・諸藩は年貢米を販売して貨幣を獲得するため江戸や大坂まで運んだ。その輸送を円滑なものとしたのが17世紀後半，河村瑞賢が幕府の命令によって整備した東廻り・西廻り海運であった。そして，幕府は年貢米を江戸の御蔵（米蔵）に保管し，東日本の太平洋側の諸藩は江戸へ，西日本や日本海側の諸藩は大坂へと運び込んで蔵屋敷に保管し，蔵元を通じて換金した。

> 幕府・諸藩による米の輸送・販売
>
> ∘ 財政基盤＝年貢　→　石高制のもとで主に米納
>
> ∘ 参勤交代など　→　江戸を中心に消費生活を送る
>
> ∘ 都市の消費生活には貨幣が必要
>
> 　→　年貢米を換金するために江戸・大坂へ運ぶ（大坂は西日本や日本海側の諸藩）

　次に，民間商人が扱った納屋物としての米である。農業生産が発達して米の収穫量が増えるなか，村々で米の余剰が生じた。それを民間商人が買い付けて，江戸・大坂などの消費地へ持ち込んだ。

> 民間商人による米の輸送・販売
>
> ∘ 村々で余った米（余剰米）を買い付け　→　江戸・大坂で販売

　この設問では「大坂」に限定されているので，以上の知識のなかから大坂に関連するものだけをまとめたい。

【解答例】

> 　諸藩は参勤交代にともなう江戸での消費生活のため貨幣を必要とした。そこで，西日本や日本海側の諸藩が大坂に蔵屋敷を設けて年貢米を運び込み，蔵元を通じて販売した。一方，農業が発達するなか，民間商人が村々の余剰米を買い付けて大坂に運び込んだ。（117字）

問2　江戸時代の貨幣制度

> **設問の要求**
> 　時　期：江戸時代
> 　テーマ：金貨と銀貨の地域による使われ方の違い

　江戸時代，17世紀半ば以降には金貨・銀貨・銭貨という3種類の貨幣（三貨）が全国的に通用していた。これらはすべて江戸幕府が発行したもので，慶長年間，徳川家康の時代に小判などの金貨，丁銀・豆板銀といった銀貨が発行され（慶長金銀と総称する），寛永年間，3代将軍徳川家光の時代に寛永通宝という銭貨が発行された。ところが，三貨に共通の貨幣単位は存在せず，金貨は両・分・朱，銀貨は貫・匁，銭貨は貫・文という，異なる単位が使われた。

　日本という1つの国家領域のなかで3つの異なる貨幣単位が混在していれば不便そうに思える。しかし，取引きの規模や地域によって使い分けられることで円滑に機能していた。まず，金貨・銀貨は高額，銭貨は少額の取引きで用いられていた。次に高額の取引きでは，金貨が主に江戸など東日本，銀貨は上方（大坂・京都）など西日本で通用していた。これを江戸の金遣い・上方の銀遣いと呼ぶことがある。これら三貨の交換にあたったのが両替商である。

> **金貨・銀貨の地域による使い方の違い**
> 　◦金貨＝主に江戸など東日本で使われる
> 　◦銀貨＝主に上方など西日本で使われる

　江戸の金遣い・上方の銀遣いという二元的な貨幣制度は，18世紀後半には現状にそぐわなくなってくる。

　18世紀後半，村々で商品作物の生産が盛んとなり，それにともなって百姓らの生活水準が上昇して広く消費が活発となるなか，大坂を経由せず，金遣い（東日本）・銀遣い（西日本）の地域をまたぎ，地域と地域を直接結ぶ流通が広がった。たとえば，尾張を拠点とする内海船（尾州廻船）は，江戸と瀬戸内海の間を運行し，各地で特産物の買い入れと積み荷の販売を独自に行った。

　こうした現状に対応して幕府は1772年，老中田沼意次のもと，南鐐二朱銀を発行した。その額面には8枚で小判1両に換えると記されていた。つまり，金貨の単位で通用する初めての銀貨であり，金貨を中心として金銀貨を一本化することがめざされていた。ところが，丁銀・豆板銀も継続して発行・使用されたので金銀貨の完全な一本化は実現せず，明治期に至るまで貨幣制度の統一は果たされなかった。

【解答例】

> 金貨は主に東日本で，銀貨は主に西日本で取引の中心に使われた。（30字）

問3　江戸幕府の仲間政策

> **設問の要求**
> 　時　　期：18 世紀以降
> 　テーマ：商人が組合をつくり利益独占を図ることを幕府が公認した目的
> 　条　　件：2 つあげる

　組合は，同じ品物を扱う商人どうしや同じ分野の職人どうしでつくった同業者団体であり，江戸時代では仲間と呼ばれる。幕府は当初，輸入生糸の独占購入にあたる糸割符仲間など特定の事例を除き，独占の弊害を考えて結成を禁止していた。ところが 17 世紀後半以降，経済流通が発達するのにともない，大坂や江戸など都市の商人のなかで相互扶助などを目的として仲間・組合をつくる動きが広がっていた。

　こうした仲間・組合を幕府が認めたのは 18 世紀前半，8 代将軍徳川吉宗による享保の改革が最初であり，さらに，18 世紀後半に幕政を主導した老中田沼意次が積極的に公認した。したがって，享保の改革と田沼政治に焦点をしぼることで目的を確認していけばよい。

　まず，享保の改革である。将軍吉宗は財政再建を 1 つの柱とし，そのため，上げ米，続いて新田開発の奨励と年貢増徴といった歳入増加策を進めた。その一方で歳出をおさえるため，倹約を命じるとともに物価の引下げを図った。この物価引下げ策の 1 つが仲間の公認である。塩・醤油など生活必需品を中心に仲間の組織を認め，営業の独占を認めるかわりに，扱う商品の取引量や価格を調整させて物価の引下げを命じた。こうして幕府が認めた仲間・組合を一般に株仲間とも呼ぶ。

> **18 世紀前半＝享保の改革で仲間・組合を公認した目的**
> ・流通の調整・統制 → 物価の引下げを命じる

　なお，物価の引下げは享保期に特有の目的なので，仲間を公認した一般的な目的としてははぶいておくのが適切である。

　次に，田沼政治である。前提としておさえておきたいのは，第一に，18 世紀後半には村々で商品生産が広がって各地で経済活動がいっそう盛んになっていたこと，第二に，享保期以来の年貢増徴は百姓一揆の増加を招き，限界となっていたことである。こうしたなかで老中田沼意次は，民間の経済活動から得られる富の一部を財源に取り込む政策をとった。その 1 つが株仲間の積極的な公認であった。幕府は都市や村々の商人・職人の申請に応じて仲間の結成を広く公認し，営業の独占を認める一方，営業税として運上・冥加を上納させた。

> **18 世紀後半＝田沼政治で仲間・組合を公認した目的**
> ・営業税（運上・冥加）を徴収＝歳入を補う（新たな財源を確保）

【解答例】

> 物価の調節など流通への統制を確保するとともに，営業税を徴収して歳入を補おうとした。
>
> (41 字)

問1　村々の荒廃

> **設問の要求**
> 　時　期：江戸時代
> 　テーマ：幕政改革で農村の復興をめざす政策が行われた理由

　「農村の復興」をめざす政策が行われたということは，前提として農村が荒廃していたことを想定することができる。そこで，農村が荒廃したのはいつごろか，それに対応する農村復興策が行われたのはいつごろかと考えて焦点をしぼり込み，具体的な政策とその時期を思い浮かべよう。そうすれば，天明の飢饉→寛政の改革，天保の飢饉→天保の改革，という2つのケースが思い浮かぶ。

　続いて，「理由」が問われている点に注意したい。理由には背景・原因とともに，目的・意図も含まれる。この2つの観点から考えていきたい。

　まず，背景つまり寛政期や天保期に農村が荒廃していた事情である。

　1つは飢饉である。天明や天保の飢饉は冷害により，数年にわたって続いた大規模な飢饉であった。耕作を放棄して都市へ流出する百姓が続出したため農村人口が激減し，田畑の荒廃が進んだ。

　もう1つは，農業が発達して商品生産が盛んになるなか，百姓の階層分化が進んだことである。村々で商品生産が盛んになると，百姓の収益が増えて生活水準が上昇する。いったん生活水準が上昇して消費支出が増えれば，それをまかなうためにも商品生産を通じて貨幣収入を継続的に確保する必要がある。一方，商品作物の栽培には肥料（金肥）の購入など資金が必要なため豪農などに融通してもらうこととなり，負債がたまる。さらに，商品作物は販売を目的として栽培しているのだから，百姓の農業経営はそれらの市場価格に左右される。こうした事態を貨幣経済の浸透と表現するが，それにともなって生活に余裕のある者と負債によって生活を圧迫される者との格差が生じる。これが階層分化である。その結果，負債を返済できず田畑を失い，離村して都市に流出する者も出てくる。

　こうした階層分化が進むなかで飢饉が生じたため，農村から都市への人口流出が激増していた。

> **農村復興策が行われた背景＝農村が荒廃した事情**
> ◦農業発達にともなって百姓の階層分化が進んだ
> ◦飢饉により都市に人口が流出＝田畑（耕地）の荒廃が進んだ

　次に，幕府が農村を復興する必要があった事情を考えたい。

　幕領の村々が納める年貢が幕府の主な財政基盤であった。したがって，百姓の経営を安定させて村請制を維持することは，幕府にとって重要な課題であり，農村の復興は必要不可欠であった。

> **農村復興策の目的・意図＝幕府の事情**
> ◦農村＝幕府の主な財政基盤　→　維持が不可欠・重要な課題

【解答例】

> 農村は幕府の主な財政基盤であったため，その維持は重要な課題であった。ところが，農業が発達するなかで階層分化が進み，都市に流出する者が増加した。特に飢饉時には離村者が急増し，廃村地域が生じた。（95字）

問2　寛政の改革での都市政策

> **設問の要求**
> 時　期：寛政の改革期（18世紀末）
> テーマ：天明の飢饉により江戸で起きた社会問題に対して江戸を対象に行った政策
> 条　件：3つの指定語句を使用する（旧里帰農令・七分積金・打ちこわし）

天明の飢饉により江戸でどのような社会問題が起きたのかを確認したい。

飢饉は1782年から1789年ころまで続き，そのなかで村々から江戸など都市へ流入する人々が激増し，さらに，物価の騰貴にともなって各地の都市で打ちこわしが起きた。特に江戸の打ちこわしは大規模で，幕府に衝撃を与えた。

天明の飢饉により江戸で起きた社会問題
◦打ちこわしが発生

これに対して，老中松平定信は打ちこわしの再発を防止するためにさまざまな政策を行った。
まず，打ちこわしの担い手であった貧民や無宿人らを減らし，治安の回復を図ろうとした。旧里帰農令を出し，飢饉のなかで江戸に流入し，正業を持たない貧民に対し，資金を与えて村々にもどることを奨励した。一方，定まった居所と職業を持たない無宿人については，江戸の石川島に人足寄場を設けて強制的に収容し，職業訓練をほどこした。

江戸の治安回復のための政策
◦旧里帰農令＝貧民に対して村々にもどることを奨励 → 江戸の貧民の数を減らす
◦人足寄場を設置＝江戸の無宿人を収容

次に，貧民が生活を成り立たせることができるようにするための政策についてである。
江戸の町々に七分積金を命じ，町費節約分の7割（70％）を積み立てさせたうえで，新しく江戸町会所を設けて運用させて米や貨幣を蓄え，将来の飢饉にそなえる体制をとった。一方，物価騰貴を防ぐため，有力な商人を勘定所御用達に登用し，その資金によって物価の調節を図らせた。

江戸で行われた貧民救済のための政策
◦町々に七分積金を命令 → 江戸町会所で運用・米や貨幣を備蓄
◦有力な商人を勘定所御用達に登用 → 物価を調節させる

なお，江戸町会所や勘定所御用達などの用語は，答案に書き込まなくても説明は可能である。

【解答例】

> 貧民の流入が激増し，打ちこわしが起きた。そこで幕府は，治安回復のため，貧民に帰村を奨励する旧里帰農令を出し，人足寄場を設けて無宿人を収容した。一方，貧民救済のため町々に七分積金を命じ，米や貨幣を備蓄させた。（103字）

問3　株仲間の解散と再興

設問の要求

　時　期：天保の改革期（19世紀半ば）

　テーマ：天保期の株仲間解散策が見直され，独占性を弱めた株仲間の再興が企てられた理由

　理由が問われた際には背景・原因と目的・意図に目配りしたい。そこで，この設問では株仲間解散策が見直された事情と株仲間の再興を企てた目的・意図という2つの観点から考えよう。

　まず，株仲間解散策が見直された事情である。

　天保の改革で幕府は，江戸で物価が高騰している原因を十組問屋などの株仲間が流通を独占して価格を操作しているためと考え，1841年に株仲間の解散を命じた。株仲間という既得権を持つ独占組織を排して自由競争を促すことにより，物価の引下げをねらった政策であった。

　ところが，幕府の現状認識には誤りがあった。村々での商品生産が盛んになるなかで在郷商人（生産地の商人）や新興の廻船業者の活動が活発となり，そのため生産地から大坂への商品流通量が減少し，十組問屋などを通した大坂から江戸への商品の供給も減少していた。このことが江戸における物価騰貴の原因の1つであった。さらに，19世紀前半の文政期から天保期にかけて幕府が品質の悪い金銀貨を大量に発行していたことも原因であった。

　したがって，株仲間解散策は幕府が期待したほどは物価抑制の効果があがらず，かえって商品流通を混乱させた。これが株仲間解散策がやがて見直された事情である。

　株仲間解散策が見直された事情

　○幕府が期待したほど物価引下げに効果がなかった

　○かえって江戸での商品流通を混乱させた

　次に，独占性を弱めた株仲間の再興を企てた目的・意図である。

　商品流通が混乱していては江戸への商品供給を安定して確保することが難しい。そこで幕府は，1851年に株仲間を再興させた。商人が業種ごとに組織した仲間・組合は，幕府から公認されることにより，幕府の指示・命令を加入者に伝達し，順守させる行政の補助組織となる。つまり，幕府からみれば，株仲間を再興することは流通の調整・統制を再び確保することにつながる。こうして江戸への商品供給を確保することを目的として株仲間の再興が企てられた。

　株仲間の再興を企てた目的・意図

　○江戸への商品供給を確保する

　なお，もともと株仲間は幕府の公認を受けた際，加入者の数が固定されていた。ところがこのとき，幕府は加入希望者をすべて排除しないことを命じ，独占性を弱めた株仲間を再興させた。

【解答例】

　期待したほど物価引下げに効果がなく，かえって商品流通の混乱を招いた。そこで，江戸への商品供給を確保するため再興を企てた。（60字）

問4　アヘン戦争の影響

設問の要求

　時　期：（書かれていないが江戸時代後期・19世紀半ば）

　テーマ：アヘン戦争が幕府の対外政策に与えた影響

前提（ぜんてい）として，17世紀半ば以降における幕府（ばくふ）の対外政策を確認しておく。

幕府は3代将軍徳川家光（しょうぐんとくがわいえみつ）の寛永期（かんえいき）に鎖国制（さこくせい）を整えた。日本人の海外渡航と帰国を禁止するとともに，貿易（ぼうえき）を4つの窓口で管理・統制し，外交は朝鮮（ちょうせん）・琉球（りゅうきゅう）に限るという体制である。そして18世紀末から19世紀初め，ロシアが通交（つうこう）を求めるなか，幕府は寛永期につくりあげた対外関係を維持し，それ以外の国々との交渉を拒否する姿勢をはっきりさせた。とはいえ財政難ゆえに，海防（かいぼう）（沿岸警備（ばうひ））は十分には整えられなかった。そこで，19世紀前半にイギリス捕鯨船が頻繁に出没すると，1825年に異国船打払令（いこくせんうちはらいれい）を出して異国船との接触を厳禁させ，海防の貧弱（ひんじゃく）さを補おうとした。

ところが，アヘン戦争をきっかけに幕府は欧米諸国の軍事力の強さを認識することとなる。

アヘン戦争が幕府に与えた衝撃

　◦欧米諸国の軍事的脅威を痛感させる

アヘン戦争は1840年から42年にかけて清とイギリスの間で戦われ，清が敗北した。こうした清の劣勢（れっせい）が伝えられると，幕府は欧米諸国の軍事的脅威（きょうい）に対応する政策をとった。具体的には欧米諸国との軍事衝突（戦争）を避ける一方，鎖国制は維持し，海防を強化しようとした。政策としては，アヘン戦争と同時期に行われた天保（てんぽう）の改革だけに限らず，その後も含めてまとめたい。

アヘン戦争に対応して幕府がとった政策

　◦欧米諸国との軍事衝突を避ける

　　異国船打払令を緩和＝薪水給与令を出す（漂着した異国船に薪水・食料を給与，1842年）

　◦鎖国制を維持する

　　オランダ国王の開国勧告（1844年）を拒否

　◦海防を強化する

　　長崎の高島秋帆に西洋式砲術の演習を行わせる

　　上知令を発令（1843年）＝江戸・大坂周辺の直轄化を企てる（ただし反対により撤回）

　　諸藩に大砲の用意を命令（→　佐賀藩が反射炉を備えた大砲製造所を設ける）

　　伊豆韮山に反射炉を築かせる（代官江川太郎左衛門による）

　　印旛沼掘割工事を計画＝欧米諸国の江戸湾封鎖を想定（工事は実現せず）

なお，海防を強化する政策の具体例は複数あるが，実現した政策を少なくとも1つあげればよい。

【解答例】

幕府は欧米諸国の軍事的脅威を痛感し，衝突を避けるため薪水給与令を出す一方，オランダ国王の勧告を拒んで鎖国制は維持し，伊豆韮山に反射炉を築かせるなど海防を強化した。（81字）

問1　室町〜江戸時代初期における儒学

> **設問の要求**
> 　時　期：室町時代から江戸時代初期
> 　テーマ：儒学（儒教）について
> 　条　件：3つの指定語句を使用する（禅僧・朱子学・林羅山）

　日本に儒学（儒教）が伝えられたのは6世紀前半，百済から五経博士が派遣されたことによってである。そして律令制度のもとでは唐にならって儒学（儒教）の教養が求められ，貴族・官人に浸透した。鎌倉時代には，南宋の朱熹が大成した儒学の一派である朱子学（宋学とも呼ぶ）が新しく伝えられ，室町時代にかけて臨済禅の禅宗寺院，とりわけ五山・十刹の諸寺において禅僧によって学ばれた。このように室町時代には貴族（公家）や五山禅僧らの教養として儒学が学ばれていた。

> **室町時代の儒学**
> 　◦朱子学が中心
> 　◦貴族（公家）や五山禅僧が教養として学ぶ

　これに対して江戸時代初期はどうだったのか。

　江戸時代に儒学が広まるきっかけをつくったのは藤原惺窩や林羅山，谷時中らである。彼らはもともと禅僧であったが，世俗の倫理（道徳），人間の生き方を内面から支える日常的な倫理を重視し，禅宗を離れて朱子学に傾倒した。なかでも林羅山は，徳川家康に仕え，朱子学だけでなく歴史や神道などにわたる広い知識によって幕府政治に関わり，儒学者が幕府や諸藩で登用される出発点となった。とはいえ，儒学者が幕府や諸藩の役職に就いて政治に直接関与することはなかったし，幕府や諸藩で官学（統治のよりどころとなる正統な学問）となったわけでもなかった。

　結局のところ，儒学は武士の間で統治にあたるものとしての倫理・教養，いいかえれば，政治と生活の倫理・教養として受け入れられたにすぎなかった。とはいえ，室町時代とは異なり，公家や禅僧だけにとどまらず，武士にまで儒学が広まったのが江戸時代初期の特徴であった。

> **江戸時代初期の儒学**
> 　◦幕府や諸藩で受容され始める　例）林羅山が徳川家康に仕える
> 　◦武士にとっての儒学＝政治と生活の倫理・教養

【解答例】

> 　室町時代，朱子学を中心とする儒学は五山禅僧や一部の公家の教養であった。江戸時代初期には，林羅山が徳川家康に仕えるなど幕府や諸藩で受容され始め，武士の間でも政治と生活の倫理・教養として広まった。（96字）

問2　元禄文化

> **設問の要求**
> 　時　期：元禄期
> 　テーマ：都市民に広く受け入れられた文化の表現形式
> 　条　件：①具体例をあげる，②人気を博した理由も説明する

　設問では，元禄期になると文化が「都市民に広く受け入れられる」と説明されているが，すでに中世でも都市民などの庶民は文化を享受していた。院政期には今様という歌謡，鎌倉時代には琵琶法師が平家物語を語る平曲，そして説話などの語りが広まっていた。室町時代には太平記の語りや連歌が広く行われ，猿楽能や狂言という語りをともなう芝居などが広まっていた。これらは声（音声）や身体（身振り）を使った文化という共通点があった。

　一方，江戸時代の元禄期には，語りをともなう芝居として人形浄瑠璃や歌舞伎が人気を博し，連歌から派生した俳諧が広まるとともに，浮世草子や浮世絵版画という出版物が新しく受容された。なかでも浮世草子や浮世絵版画は，木版画によって作成・出版された出版文化であることが特徴である。つまり，元禄期に文化が都市民に広く受け入れられた要因の1つには，紙の生産や印刷技術が発展し，出版業が盛んになったことがあった。

　表現形式とは，内容を伝える文字や音声，身振りなどの組み合わせのあり方・手法のことなので，人形浄瑠璃や浮世草子などといったジャンルをあげて，活躍した人物とともに説明すればよい。

> **元禄期に都市民に広く受け入れられた文化**
> 。声（音声）や身体（身振り）を使った文化
> 　例）人形浄瑠璃・歌舞伎（脚本で近松門左衛門），俳諧（松尾芭蕉）
> 。出版文化＝紙の生産や印刷技術の発展により新しく広まった文化
> 　例）浮世草子（井原西鶴），浮世絵版画（菱川師宣）

　これらの文化が都市民の間で人気を博したのは，世俗，つまり現実の生活や風俗・流行を題材としたことが理由であった。17世紀後半以降，農業や流通など経済が発展し，人々の生活が飢餓から脱して安定し始めた。こうしたなかで元禄期には世俗に目を向け，そこに価値をおく文化が広まり，都市の町人・商人や村々の有力な百姓らに受け入れられていった。

> **都市民に人気を博した理由**
> 。世俗，つまり現実の生活や風俗・流行を題材としたこと

【解答例】

> 　浮世草子で井原西鶴，人形浄瑠璃の脚本で近松門左衛門，浮世絵では菱川師宣らが活躍し，彼らは現実の生活や風俗を題材とした。そのうえ，紙の生産や印刷技術などの発展を背景として出版文化が盛んとなり，都市民に受容された。（105字）

問3　江戸時代の教育

設問の要求
時　期：江戸時代
テーマ：寺子屋の教育
条　件：藩校と対比させる

まず，誰が，誰を対象として教育を行ったのかを確認したい。

藩校（藩学）は各藩が設立し，藩士の子弟を対象として教育を行ったのに対し，寺子屋（手習所・手習塾とも呼ぶ）は民間人が設けたもので，庶民の子供を対象として教育を行った。寺子屋は村役人や僧侶，神職，医師，浪人（牢人）などさまざまな人々が経営し，女性も含まれた。さらに，藩校が男性のみに限られたのに対し，寺子屋は男女ともに就学できる場合があった。

藩校
◦諸藩が設立　→ 藩士の子弟を対象，男性のみ
寺子屋
◦民間人が設立 → 庶民の子供を対象，男女を問わない

次に，どのような目的のもと，どのような内容の教育を行ったのかを確認したい。

藩校は，将来の藩政を担う有能な人材を育成することを目的として設立されたもので，18世紀後半の宝暦期から増え始め，18世紀末の寛政期以降，19世紀半ばの幕末期にかけて隆盛した。朱子学など儒学を中心としつつ武術も教授され，文武両道にわたる教育が行われた。

一方，寺子屋は，読み書き・そろばん（計算）が教育内容の中心で，農業・商工業などの生業や日常生活に役に立つことがらの習得を目的とした。

藩校
◦目的＝人材の育成　→ 教育内容＝儒学が中心
寺子屋
◦目的＝生業や日常生活に役に立つことがらの習得 → 教育内容＝読み書き・計算が中心

こうして寺子屋が普及した結果，村役人など村や町の指導者層だけでなく，広く一般の百姓や町人の間で読み書き・計算能力を持つ者が増えた。このことを基礎として，19世紀前半の文化・文政期の文化（化政文化）は広く下層の庶民をも含めた文化として展開した。

【解答例】

藩校は各藩が人材育成のために設立し，藩士の子弟で男性のみを対象とし，儒学が中心だった。一方，寺子屋は僧侶や神官，医師らが経営し，男女を問わず庶民の子供を対象に実用的な読み書き・計算を教えた。（95字）

問4　化政期の浮世絵

> 設問の要求
>
> 　時　　期：文化・文政期（19 世紀前半）
>
> 　テーマ：文化・文政期を代表する絵画である浮世絵がくしゃくしゃに丸められたり，四つ折
> 　　　　　りになった状態で見出されたりすることが少なくない理由
>
> 　条　　件：安土桃山〜寛永期を代表する絵画と対照させる

最初に，設問で使われている表現を言い換え，問題を解くための手がかりを見つけたい。

文化・文政期を代表する絵画となった　→　人気があった＝多くの人々が愛好した

くしゃくしゃに丸められる，四つ折りになった状態で見出される　→　粗雑に扱われていた

つまり，浮世絵が多くの人々によって愛好されながらも粗雑に扱われていた理由を考えればよい。次に，安土桃山〜寛永期を代表する絵画と対照していこう。

安土桃山〜寛永期の絵画では障壁画が代表的である。城郭や寺院などの建物の内部にある襖や屏風などに描かれた絵画である。金箔地に濃い色彩を使った濃絵や墨一色（墨を使った黒一色・モノクロ）の水墨画などが描かれた。それらは絵筆を使った，つまり肉筆で描かれた作品である。

それに対して，浮世絵は元禄期に登場して以降，多くが版画として流通した。当初は墨一色であったが，18 世紀後半の宝暦・天明期に多色刷（カラー）の版画である錦絵が完成し，文化・文政期（化政期）に大量に製作された。

では，錦絵を障壁画と対照させよう。

まず，何に描かれているのか。障壁画は襖や屏風だが，錦絵は紙である。次に，何を使って描かれているのか。障壁画は肉筆で描かれたのに対し，錦絵は木版を使って印刷された版画である。

さらに，もう一歩ふみ込んで考えたい。浮世絵が版画，つまり印刷物（プリント）であることは何を意味するのか？　それは，同じものを複製（コピー）して大量に製作できることである。これは，肉筆で描かれた障壁画が 1 つ限りであることと対照的である。ここから，大量に複製・印刷される浮世絵が安い値段で流通したことにも気づくだろう。ここに浮世絵が多くの人々によって愛好・購入される一方で，粗雑に扱われた理由があった。

> **安土桃山〜寛永期の代表的な絵画：障壁画**
>
> 。襖や屏風などに肉筆で描かれた　　→　1 つ限り
>
> **化政期の代表的な絵画：浮世絵**
>
> 。木版を使って版画として印刷された　→　大量に複製・印刷される＝安価

【解答例】

> 安土桃山〜寛永期を代表する絵画は襖などに肉筆で描かれた障壁画で，1 つ限りなのに対し，文化・文政期の浮世絵は多くが複製可能な木版画で，大量印刷され，安価であった。（80 字）

問1　安政の五カ国条約

> **設問の要求**
> 時　期：1858（安政5）年
> テーマ：日米修好通商条約は，いかなる意味で不平等なのか

日米修好通商条約は，第一に，アメリカと幕府が国交を結び，外交官が常駐することを取り決め，第二に，開港場を指定して貿易を行うことを定め，自由貿易などその方法を取り決めた。このうち第二のことがらのなかに，日本にとって不平等な規定が含まれていた。

> **不平等な規定**
> ◦アメリカだけに領事裁判権を規定
> ◦関税を協定＝日本が関税自主権を持たない
> ◦アメリカだけに最恵国待遇を規定

まず，領事裁判権について確認しよう。

日本人に対して危害を加えたアメリカ人は，アメリカ領事裁判所でアメリカの法律によって裁かれるという規定である。この規定は，アメリカ人に対して危害を加えた日本人は日本の役人によって日本の法律で裁かれるという規定がセットになっている。このようにみると，一見，不平等ではないように思えるが，アメリカ国内における日本の領事裁判権を規定していなかった点が不平等であった。とはいえ，この不平等性は当初，幕府側に認識されておらず，1866年に改税約書によって日本人の海外渡航が解禁されて初めて表面化した。

なお，領事裁判権は，相手国の政府や法制度を信用できない場合，自国民を自国の法制度のもとで保護しようという意図から設定されたもので，欧米諸国どうしにおいては規定されていなかった。その意味で，アメリカが日本を同等な国家として認めていなかったことを示している。

次に，協定関税制について確認しよう。

商品を輸出・輸入する際に課される租税（関税）を付属の文書で定める，という制度である。欧米諸国どうしであれば，それぞれの国が独自に関税率を決める権利（関税自主権）を持っていた。ところが日本は，国内産業を保護するために輸入税率を引上げるなど，独自に関税を決めることができず，この規定もまた，日本が欧米諸国から同等な国家として扱われていなかったことを示している。

最後に，最恵国待遇についてである。

日本がアメリカに認めたよりも有利な内容を他国（アメリカ以外の第三国）に認めた場合，アメリカにも自動的にその内容が認められる，という規定である。最恵国待遇の規定そのものに不平等性はないが，アメリカに対してだけ認められ，双務的でない点（これを片務的と表現する）が不平等であった。

なお，これはすでに1854年に結ばれた日米和親条約で規定されており，日米修好通商条約でも継承された。

【解答例】

> アメリカにのみ領事裁判権と最恵国待遇を認め，日本に関税自主権を認めなかった。（38字）

問2　幕末開港期の金流出

> **設問の要求**
> 時　期：幕末の開港後
> テーマ：幕府が結果的に物価を上昇させるような貨幣の改鋳を行った理由

　幕末開港期における貨幣改鋳が具体的にどのような政策をさすのかを確認しておこう。

　この政策は，1860年，量目のみを引下げた金貨（万延小判など）を鋳造するというものである。金貨は額面に刻まれた単位で通用する計数貨幣で，たとえば小判は1両で使われた。1860年に改鋳された万延小判は，それまで使われていた小判と品位（金の含有率）は同じだが量目（重さ）を3分の1としたものである。このとき，小判だけでなく他の金貨もほぼ同じように改鋳されたが，銀貨は新しく鋳造されなかった。そのため，金銀の交換比率（これを金銀比価と呼ぶ）が変動することとなった。

　1860年当時，天保一分銀が使われていた。田沼時代に鋳造された南鐐二朱銀を引き継いだ，金貨の単位で通用する計数銀貨である。金貨の単位である両・分・朱は四進法であるため，天保一分銀4枚＝小判1枚（1両）である。それぞれに含まれている金銀の量に基づくと，金銀比価は従来は1：5であった。ところが，万延改鋳により小判（1両）に含まれる金の量が3分の1に引下げられたため，1：15に変わった。

　つまり，幕府の貨幣改鋳政策とは金銀比価を1：5から1：15に変更する政策であった。

> **幕末開港期の貨幣改鋳**
> ○内容：金貨の量目を引下げ＝品質を引下げ
> 　　　　→ 金銀の交換比率（金銀比価）を1：5から1：15に変更する

　では，幕府はなぜ金銀比価を変更したのか。

　それは欧米での金銀比価に合わせることが必要だったからである。

　開港当初，金銀比価は欧米では1：15であったのに対し，日本では1：5であった。つまり，欧米に比べて日本のほうが金の価値が低く，銀の価値が高かった。そのため，欧米商人が銀貨を日本に持ち込み，日本での金銀比価で金貨と交換して国外に持ち出す動きが広まり，金貨が国外に流出した。

　この動きを防ぐため，金貨の品質を引下げ，金銀比価を欧米に合わせたのが1860年の貨幣改鋳であった。実際，金の流出はおさまった。しかし，金貨の品質が引下げられたため，設問文にあるように，結果的に物価の上昇を招いた。

> **幕末開港期の貨幣改鋳の理由**
> ○背景：金銀比価が異なり日本は欧米より銀高　→　金貨が流出
> ○目的：金銀比価を欧米に合わせる　　　　　　→　金貨の流出を防ぐ

【解答例】

> 日本と欧米では金銀比価が異なり日本が銀高であったため，金貨が国外に流出した。そこで幕府は金貨の品質を引下げて金銀比価を合わせ，流出を防ごうとした。（73字）

問3　欧米諸国との貿易開始の影響

> **設問の要求**
> 　時　期：（書かれていないが幕末開港期）
> 　テーマ：幕府が五品江戸廻送令を出した意図

　意図を考える際には背景・前提をふまえておきたい。
　五品江戸廻送令は、安政の五カ国条約に基づき横浜と長崎、箱館が1859年に開港して自由貿易が始まるなか、生糸などの五品を横浜から輸出する際、必ず江戸を経由するよう、幕府が命じた法令で、1860年に出された。
　そこで、第一に、安政の五カ国条約では貿易についてどのように規定していたかを確認したい。

安政の五カ国条約での規定
- 長崎以外に神奈川（実際は横浜）や箱館などを開港し、貿易を行う　…鎖国制下と相違
- 幕府の役人が立ち会わない自由な貿易を行う　　　　　　　　　　…鎖国制下と相違
- 開港場に設定された居留地だけで貿易を行う　　　　　　　　　　…鎖国制下と類似

　第二に、横浜などでは実際、どのようなかたちで貿易が行われたのかを確認したい。
　貿易は、イギリスなどの欧米商人が生糸や茶などを大量に購入したため、日本からの輸出が欧米など外国からの輸入を上回る輸出超過の状態であった。ところが、欧米商人は居留地のなかだけに活動を制限されていた。そうしたなか、産地から生糸など輸出向けの商品を開港場まで持ち込んだのが産地の在郷商人であった。開港場では幕府の役人が立ち会わない自由貿易とすることが条約で規定されたため、在郷商人は江戸の問屋を介さず、開港場まで商品を直送して売り込んだ。そのため、江戸の問屋を頂点とする流通機構が崩れ、江戸は品不足から物価が騰貴した。

横浜などでの貿易のあり方とその影響
- 開港場の居留地で自由貿易が行われる
  - → 在郷商人が輸出向けの商品を江戸を介さず開港場へ直送して売り込む
- 影響：江戸（の問屋）中心の流通機構が崩れる → 品不足から江戸の物価が騰貴

　このような事態への対処として幕府が発したのが五品江戸廻送令であった。

幕府が五品江戸廻送令を出した意図
- 流通・貿易を統制＝江戸の問屋を保護
- 物価を抑制（特に江戸で）

　しかし、欧米商人や在郷商人が、安政の五カ国条約で定められた自由貿易を理由として反発したため、幕府の意図した流通・貿易の統制は実現しなかった。

【解答例】
> 横浜などで自由貿易が始まると在郷商人が輸出向けの商品を開港場に直送し、江戸の問屋を頂点とする流通機構が崩れた。そこで幕府は流通統制と物価抑制を図ろうとした。（78字）

問1　廃藩置県

> 設問の要求
> 時　期：（書かれていないが明治初期）
> テーマ：廃藩置県の意義

　廃藩置県は，藩を全廃して代わりに県を設置する政策である。この政策の内容や意義を考える前に，藩や県とは何かを確認したい。

　藩は，もともと江戸時代における大名の領地であった。大名は将軍（幕府）から石高を与えられ，その石高にみあった領地をあてがわれた。領地では，徴収した年貢をすべて大名が収納する権利を持ち，また，どのように統治するかは，幕府が定めた武家諸法度に反しない限り自由であった。同時に，大名は石高にみあった軍隊を常備することを義務づけられ，家臣団（藩兵）を組織していた。

　明治期になると，1868年，政体書によって地方制度として府藩県の三治制が導入された。府と県は政府の直轄地で，徴収された年貢は中央政府の財源となった。一方，藩は，翌69年に版籍奉還が行われて旧大名が天皇から知藩事という地方官に任じられたことで，はっきりと政府の地方組織に位置づけられた。ところが，実態としては旧来の藩制が残っていた。たとえば，旧大名が旧来通り藩の統治にあたり，藩が徴収する年貢はすべて藩の収入のままで，旧家臣団（藩兵）も残っていた。

　これに対して1871年，明治政府によって廃藩置県が断行された。知藩事は辞めさせられて現地から東京へ移住を命じられ，代わって中央から各府県に府知事・県令が派遣され，統治にあたった。こうして藩から県という直轄地に代わったため，徴収された年貢（租税）はすべて中央政府の財源となり，一方，藩のもとに常備されていた軍隊（藩兵）は解体され，一部が天皇直属の親兵（のち近衛兵）や各地の鎮台に配属されて中央政府が管轄した。

　こうして租税・軍事の両権が各藩から中央政府に集中した。このことを中央集権体制（中央集権化）の基礎が整ったと表現する。これが廃藩置県の持つ歴史的な意義である。

　もう1つ注目しておきたいのは，廃藩置県は大久保利通や木戸孝允ら薩摩・長州両藩の出身者を中心として中央政府の指導力を強化するために実施された点である。そのため，廃藩置県を強行した薩長両藩出身，それに協力した土佐・肥前両藩出身の士族が政府の要職を占める体制となり，旧大名や旧公卿の多くは要職から退いた。その結果，藩閥政府の形成が進んだことも廃藩置県にともなう歴史的な意義であった。

> 廃藩置県の意義＝廃藩置県により実現したこと
> ・旧来の藩制が廃止　→　租税と軍事の両権が中央政府へ集中＝中央集権化の基礎が整う
> ・薩長を中心とする藩閥政府の形成が進む。

【解答例】
> 旧来の藩制が廃されて租税・軍事の両権が中央政府に集中し，中央集権化の基礎が整うとともに，藩閥政府の形成が進んだ。（56字）

問2　地租改正

```
設問の要求
　時　期：（書かれていないが明治初期）
　テーマ：地租改正はどのような土地制度の改革であったか
　条　件：4つの指定語句を使用する（土地所有権・地租・金納・地主）
```

　明治政府は，田畑で農作物を自由に栽培することや田畑を自由に売買することをあらためて認めたうえ，1872年,旧来の年貢負担者（地主・自作農）に地券を発行した。地租改正の準備作業であった。

　もともと江戸時代には，年貢負担者つまり百姓に加え，武士などの領主も土地に対して権利を持っていたので，地券の発行がそれぞれにどのような影響をおよぼしたのかを確認したい。

```
政府が年貢負担者（地主・自作農）に地券を発行したことの影響
 ○地主・自作農への影響：（私的な）土地所有権を認められる
 ○武士など領主への影響：年貢を受け取る権利がなくなる
```

　私的な土地所有権を認められるとは，政府や村による規制を受けず，自由に土地を使って利益を得，売買もできる権利がはっきり認められることであった。つまり，地券の発行により，土地は地券所有者の私有財産となった。

　一方，土地に対する権利が地主・自作農だけに一本化されたため，武士など領主が持っていた年貢を受け取る権利が解消された。領主が土地から石高にみあった年貢を受け取るしくみのことを封建的領有制ともいうので，これは封建的領有制が解体されたと表現することができる。

　こうした土地制度の改革を前提に1873年,地租改正条例が出され,新しい租税制度が導入された。

```
地租改正による租税制度の改革
 ○地価を算定＝土地の価値を円・銭・厘の単位を使って金銭で表示
 ○納税者：地券所有者，課税基準：地価，納税方法：貨幣で納入（金納）
```

　このように地租改正には土地制度の改革と租税制度の改革という2つの側面がある。ところが，この設問では土地制度の改革についてだけ問われていることに注意したい。

　土地制度との関連では，地券に記された地価は物価変動に関係なく固定とされ，地租が定額金納となったことが大切である。物価が上昇すると地租の負担が軽減する一方，物価が下落すると負担は増大する。そのため，物価変動が農民に直接影響をおよぼして階層分化を招き，地主制の発達につながった。村請制がなくなり，村による土地売買の規制がなくなったことも，これを助長した。

```
地租の定額金納制が導入されたことの影響
 ○物価変動にともなって階層分化を招き，地主制が発達
```

【解答例】

```
地主・自作農に地券を発行して私的な土地所有権を認め，土地が地主・自作農の私有財産となる一方，封建的領有制は解体された。加えて，地租の定額金納制が導入されると階層分化が進み，地主制の発達につながった。（99字）
```

問3　文明開化

設問の要求

時　期：明治期

テーマ：どうして新しい太陽暦と並行して従来の太陰太陽暦が併用されたのか

条　件：当時の国内の生活事情をふまえる

太陰太陽暦など旧来の生活様式と太陽暦など新しい生活様式との違いから確認したい。

太陰太陽暦（旧暦）は，月の満ち欠けを基本としつつ，太陽の運行を考えて修正を加えた暦であり，日本では古代から採用されてきた。また，時刻表示は日の出と日没を基準としてそれぞれを6分割するもので，昼と夜とで，さらに季節によって時間の長さに差があった（不定時法と呼ぶ）。江戸時代の百姓は，こうした太陰太陽暦に基づくサイクルで農業や漁業などに従事し，生活していた。

一方，太陽暦（新暦）は，太陽の運行に合わせて1年の日数を決めた暦で，西洋では古代から採用されていた。明治政府は1872年，欧米諸国が採用しているという理由で太陽暦を採用した。そのとき，1872（明治5）年12月3日を1873（明治6）年1月1日としたため，旧来の太陰太陽暦と比べて月と季節の対応関係にずれが生じた。また，この改暦に際して時刻表示も変更され，欧米諸国にならって1日が24時間とされた。そして時間の長さは昼夜，さらに季節によっても変化せず，均質に区切られた長さとなった（定時法と呼ぶ）。日曜を休日とする1週間制も導入された。

こうした新しい西洋風の生活様式は，官庁や軍隊，鉄道，工場，学校など，欧米諸国にならい，決められたタイム・スケジュールのもとで動くことが求められた場所を中心に少しずつ広まった。成人男性が徴兵された軍隊では分単位でのスケジュールにしたがって西洋式の軍事訓練が行われ，鉄道や工場では蒸気機関の動くリズムが時間を支配した。新しく設立された学校では，1時間を基準とした日課表（時間割）が組まれ，太陽暦や1週間制のもとで学校生活が組み立てられた。

ところが農業や漁業などを主な生業とする農山漁村では，田植えや収穫の時期，漁期（漁に出るのに適した時期）など，江戸時代以来の伝統的なサイクルは変わらず，従来の太陰太陽暦が使われ続けた。太陽暦に象徴される新しい西洋的な生活様式が農山漁村にまで広く浸透するのは，徴兵制が浸透し，産業革命が進み，そして義務教育である尋常小学校への就学率がほぼ100％となる日露戦争後のことであった。

新しい太陽暦
◦欧米諸国にならったもの　→　官庁や軍隊，工場，学校などで使われる
従来の太陰太陽暦
◦江戸時代以来の伝統　→　これまで通り農業や漁業などに従事する農山漁村で使われ続ける

【解答例】

官庁や軍隊，工場，学校などでは西洋風の生活様式が広まり，欧米諸国と同じ太陽暦が用いられた。しかし，農山漁村では従来の生活様式がほぼ続き，農業や漁業など生業との関係から従来の太陰太陽暦が使われた。（97字）

問1　明治十四年の政変

> **設問の要求**
>
> 　時　期：（書かれていないが 1880 年代初め）
>
> 　テーマ：国会開設の勅諭は，どのような政治闘争の帰結として公布されたのか

　国会開設の勅諭は 1881 年，明治十四年の政変に際して公布された。このことを念頭におけば，明治十四年の政変がどのような政治闘争であったのか，その経緯を説明すればよいことがわかる。

国会開設の勅諭に帰結した政治闘争＝明治十四年の政変

　まず，政変の背景を確認しておく。

　第一に，民間で自由民権運動が高まっていたことである。自由民権運動は 1874 年，板垣退助らが民撰議院設立建白書を政府に提出したことに始まり，納税者の参政権と国会の開設，言論・集会の自由などを主張する政治運動であった。1880 年に国会期成同盟が結成されて運動が全国化し，多くの憲法私案（これらを総称して私擬憲法と呼ぶ）が自主的に作成された。

　こうしたなか，政府内部で国会開設の時期や憲法構想をめぐって対立が生じていたことが第二の背景である。公家出身の岩倉具視や旧長州藩出身の伊藤博文らと，旧肥前藩出身の大隈重信が対立した。その際，大隈は早期の国会開設を唱え，自由民権運動に近い立場に立っていた。

> **明治十四年の政変の背景**
>
> 　◦民間：自由民権運動が高まる
>
> 　◦政府：国会開設の時期や憲法構想をめぐって内部対立

　次に，政変に至る経緯である。

　きっかけは開拓使官有物払下げ事件である。開拓使の廃止にともない，旧薩摩藩出身の開拓長官黒田清隆が同じ旧薩摩藩出身者らの経営する会社などへ官有物を安値で売り渡そうとしていると一部の新聞で報道され，政府批判が高まった。岩倉や伊藤，黒田らはこの動きに大隈が関係していると考え，大隈を政府から追放した。その際，政府が民権派の政府批判を抑えるため，1890 年の国会開設を公約したのが国会開設の勅諭であった。

> **政変に至る経緯**
>
> 　◦開拓使官有物払下げ事件＝政府批判が高まる
>
> 　　→ 薩長藩閥（伊藤博文・黒田清隆ら）が大隈重信（大隈派）を政府から追放

【解答例】

> 　自由民権運動が高まるなか，政府内で国会開設の時期などをめぐる対立が生じた。開拓使官有物払下げ事件が起こると，薩長藩閥は早期開設を唱える大隈重信らを追放して主導権をにぎり，国会開設の勅諭を公布した。（98 字）

問2　大日本帝国憲法と内閣制度

> **設問の要求**
> 　時　期：明治憲法体制期（憲法制定の 1889 年以降）
> 　テーマ：大日本帝国憲法のもとでは，内閣や閣僚は誰に対して，どのような形で責任を負う
> 　　　　　のか

　まず，内閣や閣僚（大臣）とはどういうものかを確認しておく。

　内閣とは，国政を協議・決定するとともに行政にたずさわる各省の連絡・調整にあたる国家機関として 1885 年に設けられた。全体をまとめる内閣総理大臣（首相）と各省の長官とによって構成される。そして，この構成メンバーを国務大臣（閣僚）と呼ぶ。それまでの太政官とは異なり，各省の長官が国政全体に直接関わるようになったことが特徴であった。1889 年に発布された大日本帝国憲法では，内閣は明記されなかったものの，国務大臣が規定される形で実質的に定められた。

　次に，内閣や閣僚が誰に対して責任を負ったのかを確認しよう。

　憲法では天皇が統治権をまとめて持っており，そのもとで国務大臣は天皇により任命され，天皇を輔弼するものと位置づけられ，天皇の決定に対して助言と承認を行う役割を果たした。そして，天皇に対して責任を負い，失策があった場合に責めを負って辞職した。一方，今の日本国憲法で内閣が国会（議会）に責任を負うと定められているのと異なり，帝国議会への責任は規定されておらず，議会に立脚する必要がなかった。このことを議院内閣制が採用されていないと表現する。

内閣や閣僚が責任を負う相手＝天皇

　では，内閣や閣僚は天皇に対して，どのようなかたちで責任を負うと定められていたのか。

　大日本帝国憲法では「国務各大臣ハ天皇ヲ輔弼シ其ノ責ニ任ス」と規定され，国務大臣（閣僚）が個別に輔弼し責任を負うものとされた（単独輔弼制）。つまり，憲法上の制度としては内閣が全体としてまとまり，連帯して責任を負うことを規定していなかった。そのため失策があれば，憲法上は，担当の国務大臣だけが単独で辞職すれば済んだ。

天皇への責任の負い方＝内閣を構成する閣僚が個別に責任を負う

　とはいえ，国政を行ううえで必要な法律案や予算案は，複数の省をまたぐことがらであったため，閣僚たちが集まり，内閣全体で協議して決める必要があった。このように閣議で協議・決定した政策については，内閣全体が共同で責任を負うのが当然である。したがって，実際の政治運営のなかでは，内閣は実質的に連帯責任を負うものとみなされるようになり，国政上の失策があった場合には総辞職することが次第に定着した。

　ただし，字数に制限があるので，この設問では憲法の規定に基づいて説明すれば十分である。

【解答例】

> 内閣を構成する各閣僚が天皇に対して個別に責任を負った。（27 字）

問3　大日本帝国憲法の民主主義的要素

設問の要求

　時　期：明治憲法体制期（憲法制定の 1889 年以降）

　テーマ：大日本帝国憲法の条文にみられる，人権保障を含む民主主義的要素

　民主主義とは，広く人々の考えが国政に反映されることの実現をめざす立場，あるいは政治体制をいう。大日本帝国憲法（明治憲法）のなかで，こうした民主主義的要素として指摘できるのは，まず，国政に参加する権利，参政権が認められている点である。

　明治憲法では，天皇を補佐（協賛）し，立法や予算制定に関与する国家機関として帝国議会（貴族院と衆議院）が規定された。このうち衆議院が公選制とされ，人々は衆議院議員を選ぶ選挙権と，議員に立候補する被選挙権を得た。これにより人々は法律案・予算案の審議を通じて国政に関わることができた。とはいえ，制約があった。貴族院の存在である。貴族院は華族など非公選の議員により構成され，衆議院と対等な権限を持ったため，衆議院の動向は貴族院によって抑制された。

民主主義的要素（その1）＝参政権の規定

　◦帝国議会：法律案や予算案を審議する＝国政に関与

　　帝国議会の一部を構成する衆議院が公選制　→　人々の参政権を認める

　国政に関わろうとする行為は，議会以外でも可能である。それが言論や出版，集会，結社を通じた意見の表明である。明治憲法は，これらの自由を法律の範囲内という制限のもとで人々の権利として認めた。これが設問で指摘されている人権保障の一部である。

　さらに人権保障という観点からいえば，信教の自由も指摘したい。仏教やキリスト教，教派神道などの宗教を信仰する自由は，安寧秩序を妨げず，そして，臣民としての義務に背かないという制限つきながら認められた。

　なお，臣民としての義務には，憲法上，兵役や納税があるが，国家祭祀での拝礼を含むかどうかは明確ではなかった。こうしたなか，1891 年，キリスト教徒の内村鑑三が教育勅語に拝礼しなかったことが不敬とされ（内村鑑三不敬事件），キリスト教が排撃の対象となる事態が生じた。

民主主義的要素（その2）＝人権の保障

　◦言論や出版，集会，結社などの自由＝法律の範囲内で保障

　◦信教の自由＝臣民としての義務に背かないなどの制限のもとで保障

　「法律の範囲内に制限された」などと否定的に表現することも可能だが，「民主主義的要素」という設問での設定を意識すれば，「制限つきながら認められた」という前向きな方向性で書きたい。

　なお，三権分立（権力分立）を採用して政府（行政）の権力行使を抑制するという立憲主義的な要素は，この設問では問われていない内容なので，書かなくてよい。

【解答例】

　公選制の衆議院が設けられ，法律案や予算案の審議に関わることを通じて人々の国政参加が認められた。言論や集会，結社などの自由が法律の範囲内で，信教の自由が臣民としての義務に背かないなどの制限のもとで保障された。（103 字）

問4　明治期における学校教育の普及

設問の要求

　時　期：1886 年（学校令の制定）ころから明治末年

　テーマ：学校教育の普及

　1886 年に制定された学校令は，小学校令・中学校令・師範学校令・帝国大学令の総称である。これによって小学校から帝国大学に至る学校教育の基本的な枠組みが整った。

　小学校は尋常科と高等科があり，尋常小学校を対象として義務教育が導入された。義務教育を終えたあとは，右の模式図のような複数の進学ルートがあった。師範学校には小学校教員を養成する師範学校と中学校など中等教育機関の教員を養成する高等師範学校とがあった。帝国大学は東京大学をもとに設立され，官吏など国家に必要な人材を養成する学校と位置づけられた。その後，明治期のうちに高等学校令や高等女学校令，専門学校令が出された。中学校から高等学校，帝国大学に至る進学は基本的に男性に限られ，女性は高等女学校が実質的な最終教育機関で，良妻賢母の育成が教育方針とされた。

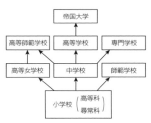

学校令

◦ 帝国大学を頂点とする学校制度（教育体系）が整う

◦ 小学校（尋常科）に義務教育を導入

　さて，この設問では学校教育の「普及」が問われている。したがって，さまざまな学校（校種）のうち，明治期に普及したものに焦点をしぼって考えたい。

　明治期に普及したのは，小学校（尋常科）における義務教育であった。

　義務教育は当初，3 年あるいは 4 年であったが，日清戦争後，1900 年の小学校令改正で 4 年に統一され，日露戦争後の 1907 年には 6 年に延長された。こうした義務教育期間の延長が可能だったのは，義務教育への就学率が高まったからであり，日露戦争後にはほぼ 100％となった。こうした義務教育の普及には，日清戦争後の 1900 年，義務教育が無償化されたことが基礎にあった。

義務教育の普及

◦ きっかけ：日清戦争後，義務教育が無償化される

◦ 日露戦争前後に就学率が高まる＝ほぼ 100％ → 年限が 4 年から 6 年に延長

　なお，教育の理念について述べた教育勅語（1890 年）については，この設問ではふれなくてよい。

【解答例】

　帝国大学を頂点とする学校制度が整い，小学校に義務教育が導入された。義務教育は日清戦争後に無償化が実現して就学率が高まり，年限も 4 年から 6 年に延長された。（76 字）

問1　琉球併合

> **設問の要求**
> 　時　期：1871（明治4）年以降
> 　テーマ：琉球が沖縄県として日本の領土に組み込まれた経緯

　前提として，17世紀〜19世紀半ばの琉球のあり方を確認しておきたい。

　15講の問2にあるように，琉球は1609年，島津氏によって征服され，その支配下におかれたものの，尚氏を王とする独立国の形式が残った。そのうえで，江戸幕府に対して使節を派遣して服属の儀礼を行うとともに，中国（明のち清）に引き続き朝貢してその冊封を受けた。これを日清（中）両属という。

17世紀〜19世紀半ばの琉球＝日清両属の独立国

　明治政府はこうした琉球の日清両属状態を解消し，日本領に編入することをめざした。

　まず，清から琉球国王という地位を認められていた尚泰を1872年，琉球藩王に任じ，琉球藩を設置した。これは，琉球を異国と扱いつつ，王である尚泰を天皇の臣下として位置づけたことを意味する。

　続いて，1874年に台湾出兵を行った。1871年に台湾に漂着した宮古島島民らが台湾の原住民により殺害された事件（琉球漂流民殺害事件）が起こったのに際し，清が原住民の行為には責任を負わないという態度をとったため日本が軍事行動で対応したのが，この台湾出兵であった。日本はこれにより，琉球の人々が日本の保護下にあること，ひいては琉球が日本の支配下にあることを清に対して強調した。こののち，琉球を外務省から内務省の管轄に移したうえで清への朝貢を禁じ，1879年，軍隊を派遣し，琉球藩および琉球王国を廃して沖縄県の設置を強行した。

> **琉球が沖縄県として日本の領土に組み込まれた経緯**
> ・琉球藩を設置＝尚泰を琉球藩王に任じる（封じる）
> ・台湾出兵を実施＝琉球漂流民殺害事件がきっかけ　→　琉球の日本帰属を清に強調
> ・沖縄県を設置

　ところが，清は日本の琉球領有を認めなかった。これに対してはグラント前アメリカ大統領が調停にあたり，先島諸島（宮古島と八重山諸島）を清に分割する日本案で妥協が成立しかけたものの，結局のところ清が拒否して成立しなかった。そのため，琉球の帰属問題が最終的に解決したのは，日清戦争の講和条約（下関条約）で台湾が清から日本へ割譲された際であった。

　沖縄県設置以降にこうした経緯があるとはいえ，この設問は「沖縄県として日本の領土に組み込まれた」経緯なので，1879年の沖縄県設置までを記述すればよい。

【解答例】

> 琉球は日清に両属する独立国であった。日本はまず琉球藩を設けて尚泰を藩王に任じ，琉球漂流民殺害事件を理由に台湾出兵を行って琉球の日本帰属を清に対し強調したうえで，琉球藩と琉球王国を廃して沖縄県を設けた。（100字）

問2　甲申事変以降の日清関係

> **設問の要求**
> 　時　期：日清間で天津条約が結ばれて以降（1880年代後半〜1890年代半ば）
> 　テーマ：朝鮮をめぐる日清両国の力関係

　前提として，天津条約が結ばれるまでの経緯を確認しておく。
　朝鮮をめぐって日清間で対立が生じたきっかけは，1876年に結ばれた日朝修好条規である。この条約は朝鮮が「自主ノ邦」であると規定した。日本はこの規定により，清と朝鮮との間における冊封・朝貢の関係を朝鮮に否定させようと意図していた。さらに1879年に日本が沖縄県の設置を強行したため，清は警戒を強めた。1882年に朝鮮で壬午軍乱が起こると，清は軍事介入して鎮圧し，これ以降，朝鮮を属国として組み込み始めた。
　こうしたなか，清からの独立を確保しようとする金玉均ら急進開化派（独立党）が1884年，日本公使館の支援によってクーデタを起こし，清軍に鎮圧された。甲申事変（甲申政変）である。この結果，日清間で緊張が高まったものの，翌年に日清間で天津条約が結ばれて関係改善が進んだ。

天津条約＝甲申事変をめぐる日清間での事後処理
- 日清両国軍が朝鮮から撤兵する
- 次に出兵する際には互いに事前に通告する

　天津条約以降，日本は朝鮮から勢力を後退させた。一方，清は朝鮮に対する指導的な立場を維持し，イギリスがそれを支持した。世界的なイギリスとロシアの対立が背景であった。

天津条約が結ばれた時点での日清両国の力関係
- 清が朝鮮で勢力を維持＝指導的な立場を確保 ⇄ 日本＝朝鮮政府への影響力が後退

　これに対して日本政府は，ロシアに対抗するために清と提携・協調して朝鮮の独立を確保しようと，日清提携の立場をとった。
　ところが，1894年に朝鮮で甲午農民戦争（東学の乱）が発生すると事態が変わる。日清両国が朝鮮に出兵し，さらに朝鮮の内政改革をめぐり対立を深めた。その直後，日本は日英通商航海条約の調印にこぎつけ，領事裁判権の撤廃などを実現した。こうしてイギリスの好意的な立場を取り付けて日清戦争に突入し，清に勝利した。この結果，1895年に下関条約が結ばれ，日本は朝鮮が独立国であることを清に認めさせて冊封・朝貢の関係を解消させ，朝鮮から清の勢力を排除した。

日清両国の力関係の変化
- はじめ：清が優位＝日本はロシアに対抗するために日清提携（協調）の立場をとる
- のち　：日清戦争により日本が清の勢力を朝鮮から排除

【解答例】
> 朝鮮では清が勢力を維持し，日本の影響力は後退した。ロシアの東アジア進出が危惧されるなかで日清提携論が強まるが，日清戦争の勝利で日本は清の勢力を朝鮮から排除した。（80字）

問3　条約改正の実現

> 設問の要求
>
> 　時　期：1890年代半ば（1894年）
>
> 　テーマ：イギリスが日本と日英通商航海条約を締結した理由

まず，内容を確認しておく。

日英通商航海条約は，1858年に締結された安政の五カ国条約の1つである日英修好通商条約を改正したものである。日本国内の居留地を廃止する一方，不平等な内容を一部改正した。

日英通商航海条約の内容　→　施行は5年後（1899年）

- 居留地の廃止＝イギリス人に国内通商の自由（内地雑居）を認める
- 不平等な規定を改正：領事裁判権を撤廃，最恵国待遇を日本にも認める（双務化）
- 関税率を一部引上げ

日本にとって不平等条約の一部改正が実現し，イギリスとほぼ対等な国家として認められたことを意味し，西欧主導の国際社会のなかでの国際的な地位の上昇を印象づけた。調印当時，日本はすでに朝鮮に出兵して清との軍事的緊張が高まり，開戦準備が進められていた時期であった。日本（第2次伊藤博文内閣）は，この条約調印をうけ，朝鮮王宮を占拠して朝鮮に親日派政権をつくらせたうえで清との開戦にふみきった（日清戦争の勃発）。

次に，イギリスの事情を確認しよう。

イギリスは1880年代まで条約改正交渉に消極的で，かつ，朝鮮情勢をめぐっては清の指導的立場を認めていた。それにもかかわらず，イギリスが他国にさきがけて条約改正に一部とはいえ応じたのは，ロシアの東アジア進出に対する警戒感が背景にあった。

ロシアは1891年，東アジアへの進出を本格化させるためシベリア鉄道の建設に着手していた。イギリスはこれに危機感をいだき，ロシアの防壁としての役割を日本に期待した。

では，なぜ清ではなく新たに日本に期待したのか。

それは，領事裁判権を廃止すると，イギリス人は日本国内において日本の法律と裁判に服することとなる点を念頭におきたい。日本が西欧にならった憲法を中心とする法体系，つまり立憲体制の整備を進め，議会を開設・継続していた点をイギリスが評価したからである。

イギリスが日英通商航海条約を締結した事情

- 背景その1：ロシアがシベリア鉄道に着工　→　ロシアの防壁としての役割を日本に期待
- 背景その2：日本が立憲体制の整備を進める　→　日本を高く評価

【解答例】

> ロシアがシベリア鉄道の建設に着手するなか，ロシアの東アジア進出に対する防壁として日本に期待するとともに，日本が立憲体制を整えたことを評価した。（71字）

問4　韓国併合への経過

> **設問の要求**
> 時　期：（書かれていないが 1905 年～ 1910 年）
> テーマ：日露戦争の講和条約調印後から韓国併合までの経過
> 条　件：7つの語群から必要な語句を4つ選ぶ

　日露戦争の講和条約つまりポーツマス条約，および同年の桂・タフト協定，日英同盟改定により，それぞれロシア，アメリカ，イギリスから日本が韓国を指導・保護・監理することを認められたことを背景として，日本は 1905 年，第2次日韓協約を締結した。韓国から外交権をうばって保護国とした条約で，韓国の首都漢城に統監府（韓国統監府）をおいて指導・保護・監理にあたらせた。
　この日本の政策に韓国皇帝高宗が反発し，1907 年，万国平和会議が開催されていたオランダのハーグへ使節を派遣して独立の維持，つまり第2次日韓協約の無効を訴えようとした。この事件をハーグ密使事件と呼ぶ。これをうけて日本は同年，皇帝を交替させたうえ，第3次日韓協約を結んで内政権もうばうとともに韓国軍隊を解散させた。このことは，多くの韓国軍兵士を抗日運動に参加させるきっかけとなり，義兵運動が激化した。日本は軍隊・警察を増強して鎮圧を進める一方，適当な時期に韓国を併合することを決定した。そして 1910 年，韓国を併合し，朝鮮総督府を新しく設けて現役軍人を長官（朝鮮総督）とし，大日本帝国憲法を施行せず，植民地として統治した。

> **経過**
> ○第2次日韓協約（1905 年）…韓国の外交権をうばって保護国とする，韓国統監府を設置
> ○ハーグ密使事件（1907 年）…韓国皇帝が独立の維持を訴える
> ○第3次日韓協約（1907 年）…韓国の内政権をうばい，韓国軍隊を解散
> ○義兵運動の激化　　　　　…解散させられた韓国軍兵士も参加して激化する
> ○韓国併合（1910 年）　　…植民地として統治，朝鮮総督府を設置

　第2次日韓協約は保護国化に焦点をしぼることでハーグ密使事件との関連を表現し，第3次日韓協約は内政権のはく奪よりも韓国軍隊の解散に焦点をしぼることで義兵運動の激化との関連を示したい。なお，1909 年の安重根による伊藤博文暗殺事件については，それより以前に政府が韓国併合をすでに決定しており，あえて書く必要はない。
　語群にある用語のなかでは，閔妃殺害事件と第1次日韓協約，日韓基本条約は時期が外れているので，選んではいけない。閔妃殺害事件は日清戦争終結の直後（1895 年），第1次日韓協約は日露戦争中（1904 年），日韓基本条約は第2次世界大戦後（1965 年）である。

【解答例】

> 第2次日韓協約を結び韓国を保護国としたうえ，独立の維持を訴えるハーグ密使事件が起こると，第3次日韓協約により韓国軍隊を解散させるなどした。これを契機に義兵運動が激化すると，韓国を併合して植民地とした。（100 字）

問1　松方財政

> **設問の要求**
>
> 時　期：1880 年代前半
>
> テーマ：松方財政によって，貨幣制度の確立に必要な日本銀行券発行のための条件がどのように整備されていったか

前提として，1870 年代の貨幣制度について確認しておく。

明治政府は 1871 年，貨幣制度を統一するために新貨条例を定めた。第一に，新しい貨幣単位として十進法の円・銭・厘を採用した。第二に，アメリカにならって金本位制を採用し，金貨を基準の貨幣（正貨と呼ぶ）と定めたものの，貿易では取引きの決済に銀貨が用いられていたことを考慮し，銀貨の使用を無制限に認めたため，事実上は金銀複本位制であった。そのうえで 1872 年，国立銀行条例を定め，アメリカにならって複数の民間銀行に紙幣（銀行券）の発行権を認め，発行する国立銀行券には正貨との兌換を義務づけた。ところが，国立銀行の設立が 4 行にとどまって国立銀行券は流通せず，国内での取引では，不換紙幣である政府紙幣が主に用いられた。

このように貨幣制度の統一が進まないなか，1870 年代後半には紙幣の流通量が増加した。まず，政府が殖産興業の資金を調達するため 1876 年に国立銀行条例を改正し，兌換義務を廃止するなど国立銀行の設立条件を緩和したため，国立銀行の設立数が増えた。続いて，1877 年に西南戦争が起こると，政府は戦費を確保するために政府紙幣を増刷した。こうして紙幣流通量が増加する一方，貿易では，1866 年に改税約書が結ばれて関税率が引下げられて以降，輸入超過が続いて銀貨が流出し，正貨（金銀貨）の蓄積が減少した。この結果，銀貨に対する紙幣の価値が下落し，インフレーション（インフレ）が生じた。

こうした状況に対応して貨幣制度の確立をめざしたのが松方正義大蔵卿であった。

松方は 1882 年，中央銀行として日本銀行を設立して紙幣の発行権を集中させ，国立銀行の紙幣発行権を停止した。同時に，増税によって歳入を確保する一方，軍事費以外の歳出を抑制する緊縮財政（デフレ政策）を実施し，余剰を確保した。その余剰を使い，紙幣整理を進めて紙幣の流通量を減らし，紙幣と銀貨との価値の差を解消するとともに，正貨の蓄積を進めた。

> **松方財政による貨幣制度の確立に向けた政策**
> ○ 日本銀行を設立＝中央銀行　→　紙幣の発行権を集中
> ○ 増税と財政緊縮（軍事費を除く）→　余剰を使って紙幣整理と正貨蓄積を進める

日本銀行は，こうした政策をうけて 1885 年，銀兌換の日本銀行券を発行し，翌年からは政府紙幣の銀兌換も始めた。この結果，銀本位の貨幣制度（銀本位制）が整い，貨幣制度が確立した。

【解答例】

> 中央銀行として日本銀行を設立して紙幣の発行権を集中させた。同時に，軍事費を除く財政緊縮と増税とによって生じた余剰をもとに，紙幣整理を進めて銀貨と紙幣の価値の差を解消させつつ，正貨の蓄積を進めた。（97 字）

問2　産業革命にともなう技術革新

> **設問の要求**
> 　時　　期：（書かれていないが 1880 年代後半〜日清・日露戦争期）
> 　テーマ：産業革命のなかでの技術革新の具体的な内容
> 　条　　件：製糸業と紡績業のそれぞれについて述べること

　産業革命とは，蒸気機関を採用した機械が本格的に普及し，それにともなって農業社会から工業社会へと転換し，資本主義経済が成立・発展する過程をさす。日本では松方財政によって貨幣・金融制度が整備されたことを背景として 1880 年代後半に始まり，日清・日露戦争前後にかけて進展した。そこでの技術革新は端的には動力源の変化であり，人間や動物（馬など），水車に代わって蒸気機関の採用が広まるという変化である。このビフォアとアフターの違いに注目しよう。

　ところで，製糸業は繭を原料として生糸を製造する工業で，生糸は絹織物〔シルク〕の材料として使われる。一方，紡績業は綿花を原料として綿糸を製造する工業で，綿糸は綿織物〔コットン〕の材料となる。設問ではこの違いまで問われていないが，混同しないようにしたい。

　まず，製糸業から技術革新の内容を確認しよう。

　製糸業は幕末開港期から一貫して日本最大の輸出産業であったこともあり，技術革新は緩やかに進んだ。幕末開港期に広まった座繰製糸は簡単な手動装置を使う手工業であったが，1870 年代後半以降，ヨーロッパからの輸入機械を参考に在来技術を改良し，水車などを採用した器械製糸が長野などの農村部を中心として普及した。日露戦争後には蒸気機関を採用した工場が次第に増加した。

> **製糸業での技術革新**
> ○手動装置による座繰製糸 → 輸入機械に学んで改良＝水車などを採用した器械製糸
> 　　　　　　　　　　　　　　　　　　　　 → 日露戦争後に蒸気機関を採用

　次に，紡績業である。

　紡績業は明治前期，手紡や水車を利用したガラ紡で生産が行われたものの，輸入綿糸によって圧迫されていた。それに対し，1880 年代後半に相次いで設立された紡績会社は，すでに技術革新の進んでいたイギリスやアメリカから紡績機械を輸入し，蒸気機関を用いた大工場を大阪などの都市部に設立した。その結果，1890 年には綿糸の国産量が輸入量を上回って国内市場を回復した。

> **紡績業での技術革新**
> ○手紡やガラ紡（水車を利用）→ 欧米から機械を輸入＝蒸気機関を採用した大工場

【解答例】

> 　製糸業では，手動装置を使う座繰製糸に代わり水車などを採用した器械製糸が広まり，日露戦争後に蒸気機関の採用が進んだ。紡績業では，手作業の手紡や水車を利用したガラ紡に代わり，1880 年代後半以降，蒸気機関を用いた紡績機械が欧米から輸入されて普及した。（121 字）

問3　金本位制の確立

> **設問の要求**
> 　時　期：日清戦争後（1897 年）
> 　テーマ：欧米諸国にならって金本位制に移行した場合に予想されたメリット

　金本位制と銀本位制は，異なる貨幣（通貨）を使う地域どうしで貿易の取引きを円滑化させるという効果を持つ点で共通している。違うのは，基準となる貨幣（正貨）が金本位制ならば金，銀本位制ならば銀と設定されている点である。そのため，金本位制を採用している地域どうしでは，通貨どうしの交換比率（外国為替相場）は安定するが（銀本位制地域どうしも同じ），金本位制地域と銀本位制地域との間では，その時々の金銀の交換比率に応じて外国為替相場が変動した。

　ところで，欧米諸国がイギリスを筆頭として金本位制を採用する一方，アジアでは貿易の取引きは主に銀貨で行われ，日本も 1880 年代半ばに銀本位制を整えていた。こうしたなか，銀の価格が世界的に下落したため，銀本位制の日本と欧米の金本位制地域との間では実質的な円安が進んだ。

　したがって，日清戦争の賠償金を準備金として日本が欧米と同じ金本位制に移行すれば，欧米との間で外国為替相場を安定させることができた。

> **日本が金本位制に移行して実現されること**
> 　。欧米諸国との間で外国為替相場が安定

　ここに，日清戦争前後の各産業の状況を重ね合わせて考えたい。

紡績業＝産業革命の中心：原料の綿花をインドなどから，機械・蒸気機関を欧米から輸入
鉄道業＝紡績業と並んで企業が勃興：蒸気機関車や鉄類（レールなど）を欧米から輸入
製糸業＝輸出の主力：原料の繭と器械を国産でまかない，欧米に生糸を輸出
重工業＝高い技術力や多額の資本（資金）が必要：日露戦争後にようやく基礎が整う

　ここから，欧米との間で外国為替相場が安定した際のメリットを 2 つ指摘することができる。

　第一に，機械類（生産機械や蒸気機関，工作機械，輸送用の機器，兵器など）や鉄類といった重工業製品を欧米から輸入する際の価格が安定し，輸入が円滑化するというメリットがあった。

　第二に，日清戦争前後において日本の重工業が発展途上であった点に注目したい。重工業の発展には多額の資本が必要なのに対し，欧米との間で外国為替相場が安定すれば，欧米諸国から資本輸入（外資導入）を円滑に進めることが可能となる。

> **欧米諸国との間で外国為替相場が安定すると実現されること**
> 　。欧米からの重工業製品（機械類・鉄類）の輸入価格が安定＝輸入が円滑化
> 　。欧米からの資本輸入（外資導入）が円滑化

【解答例】

> 欧米諸国との間で外国為替相場が安定し，重工業製品や資本の輸入が円滑化する。（37 字）

問4　産業革命期の労働者

設問の要求
　時　期：産業革命期（1880年代後半〜日清・日露戦争前後）
　テーマ：①農村出身の労働者は主にどのような業種に供給されたか，②その労働者の特徴
　条　件：性別・階層と関連させる

　日清・日露戦争前後に産業革命が進み，農業社会から工業社会への転換が始まったとはいえ，明治期における産業の中心は依然として農業であり，農業に従事する人々の数が最も多かった。もちろん，製糸業や紡績業，それに続いて綿織物業で工場が設けられ機械化が進むのにともない，農民の生活のあり方は変化していた。

　江戸時代の農民は，米作や綿作（綿花の栽培），養蚕などの農業を行っていただけではない。その合間に副業として手紡や地機（いざり機）による綿織物生産，製糸といった家内手工業を行うなど，農業と副業を組み合わせて生計を立てていた。

　ところが産業革命が進むなか，農民の生業に変化が生じた。まず，農業では綿作が衰退した。これは紡績業で原料綿花を輸入に依存したことが背景にあった。さらに，家内副業としての手紡や織物生産，製糸（座繰製糸）も衰退した。つまり，旧来のやり方では生計を維持することが困難となり，階層分化が進んで田畑を手放す農家が増えた。

　こうした田畑を手放した農家の行く末はどうなったのか。一家をあげて農村を離れ，都市へ移り住むという選択肢がある。ところが，日清・日露戦争前後は重工業はまだ発展途上だったため，炭鉱や鉄道などを除くと，男性が労働者として都市部で働く機会は限られていた。そのため，農村にとどまり，地主から田畑を借りて小作する人々（小作農）が多かった。とはいえ，小作を望む人々が多ければ小作料は高率になり，それによって小作農は家計を圧迫された。そこで，小作農は子女を工場に出稼ぎに出すなどして家計を補うこととなった。彼女たちの出稼ぎ先は，低い賃金で働く労働者を大量に求めていた製糸業や紡績業など繊維工業の工場であった。

農村出身の労働者
①主な業種：製糸業や紡績業などの繊維工業
②特徴：性別＝女性が中心　階層＝小作を行う下層農民（貧農）
　　　　→ 小作料で圧迫された家計を補うために出稼ぎして低賃金で働く

　なお，条件で「階層」と関連づけることが求められているので，小作農が農村のなかの下層の人々だったことを明記しておくとよい。

【解答例】

地主制のもとで小作料に苦しむ小作農など，下層農民が子女を繊維工業に供給した。家計を補うための出稼ぎであり，低賃金で働く女性労働者が多かった。（70字）

問 1　日露戦争～第 1 次世界大戦期の対中国外交

> 設問の要求
>
> 　時　期：日露戦争から第 1 次世界大戦に至る時期（1900 年代後半～ 1910 年代）
>
> 　テーマ：日本が中国において獲得した，もしくは獲得しようとした権益

明治初期以降，日本の国家領域や勢力範囲がどのように変化したのかを確認しておこう。

中国における日本の権益

1870 年代
- 蝦夷地や琉球をはっきり日本領に編入
- 樺太・千島交換条約で千島列島のすべてを領有
- 小笠原諸島を領有

1890 年代
- 日清戦争によって清から台湾・澎湖諸島を獲得
- 台湾領有によって沖縄（琉球）の日本帰属が事実上確定

1900 年代
- 日露戦争によってロシアから南樺太と南満洲権益を獲得

1910 年代
- 韓国を併合
- 第 1 次世界大戦のなか，二十一カ条の要求で権益を強化
  南満洲・東部内蒙古における権益の承認・強化
  山東省ドイツ権益の継承
  漢冶萍公司の日中合弁化など
- ヴェルサイユ条約で山東省権益を継承，赤道以北の南洋諸島を委任統治領として獲得
  ただし，山東省権益の継承は中国が了承せず（中国がヴェルサイユ条約に調印せず）

　これらのうち，設問の要求にある，日露戦争～第 1 次世界大戦期という時期に当てはまり，中国の領土にある権益に該当するのは，南満洲や東部内蒙古，山東省における権益である。

> **日露戦争**
> - ロシアから南満洲権益を譲り受ける
>   南満洲権益＝旅順・大連の租借権，南満洲鉄道（長春・旅順間）と付属利権（撫順炭鉱など）
>
> **第 1 次世界大戦期**
> - 二十一カ条の要求＝南満洲・東部内蒙古権益の承認と強化，山東省ドイツ権益の継承など
>   → 中国（袁世凱政権）に認めさせる

【解答例】

> 日露戦争によりロシアから旅順・大連の租借権，長春・旅順間の鉄道と付属利権を譲り受けた。第 1 次世界大戦期には二十一カ条の要求により南満洲・東部内蒙古権益の承認・強化，山東省ドイツ権益の継承などを中国に認めさせた。（105 字）

問2　戦争違法化への動き

設問の要求
　時　期：（書かれていないが 1920 年代）
　テーマ：戦争の放棄（日本国憲法第 9 条）の源流の 1 つとなった戦前の多国間条約
　　　　　①名称，②成立の背景，③内容

　第 1 次世界大戦では，総力戦をくり広げたヨーロッパ諸国を中心として多くの犠牲者が出る一方，ロシアで革命が起きてソビエト政権が成立し，国際共産主義運動が展開し始めるとともに，民族自決の国際世論が高まった。そのため，戦勝国を中心に戦争再発の防止と帝国主義的な支配秩序の維持をめざして国際協調体制の形成が進んだ。

　まず，国際紛争を平和的に解決するための機関として国際連盟が 1920 年に発足した。連盟の規約はヴェルサイユ条約に盛り込まれ，そのなかで，国際平和を維持するため，集団安全保障の原理が採用された。連盟規約を無視して戦争を起こした国に対し，他の加盟国が集団として制裁を加えるというものであった。しかし，現在の国際連合とは異なり，手段は経済制裁に限られた。

　続いて，1921 年からワシントン会議が開催された。太平洋に関する四カ国条約，中国に関する九カ国条約，主力艦を対象とするワシントン海軍軍備制限（軍縮）条約が結ばれるとともに，山東省権益を日本が中国へ返還する日中間の条約も結ばれた。米英日など列国は互いに対立をかかえながらも利害を調整し，東アジア・太平洋地域の国際秩序の安定が図られた。

　こうしたなかで 1928 年，多国間で戦争の放棄を定めた不戦条約がパリで結ばれた。

成立した背景＝第 1 次世界大戦後に国際協調が進展
　◦国際連盟の設立：国際紛争の平和的な解決，戦争再発の防止をめざす
　◦ワシントン会議：東アジア・太平洋地域の国際秩序の安定と軍備制限（軍縮）を図る

　不戦条約は，国策遂行の手段としての戦争の放棄を宣言し，自衛のための戦争を除き，あらゆる戦争を国際法上の違法行為とした。日本も田中義一内閣のもとで調印した。

戦争の放棄を定めた多国間条約
　◦名称：（パリ）不戦条約
　◦内容：国策遂行の手段としての戦争を放棄することを宣言
　　　　　→　自衛を除くすべての戦争を違法化

　この戦争違法化への動きは，日本の満洲事変や日中戦争を抑えることはできず，第 2 次世界大戦の勃発も防ぐことができなかった。自衛の解釈を各国にゆだねたことが一因であった。しかし，その理念は，1941 年にアメリカ・イギリスが発した大西洋憲章，第 2 次世界大戦後の 1945 年に採択された国際連合憲章に継承されるとともに，1946 年制定の日本国憲法の第 9 条にもつながった。

【解答例】

　不戦条約。第 1 次世界大戦後，再戦を防止して国際紛争を平和的に解決し，国際協調を図ろうとする動きが進むなか，不戦条約は国策遂行の手段としての戦争を放棄することを宣言し，自衛を除く戦争の違法化を進めた。（99 字）

問3　大戦景気

> **設問の要求**
>   時　期：第１次世界大戦期（1910 年代）
>   テーマ：第１次世界大戦の勃発が日本経済にどのような変化をもたらしたのか

前提として，「不況におちいっていた」と説明されている日露戦争後の経済状況を確認しておく。日清・日露戦争前後に産業革命が進むなか，機械類・鉄類など重工業製品を欧米諸国からの輸入にたよっていたため，ほぼ毎年のように輸入超過が続いた。一方，日露戦争時の戦費など財源を確保するために外債（外国債）を発行し，イギリス・アメリカなどの金融機関から資金を集めたうえ，ポーツマス条約で賠償金が得られなかったため，欧米諸国に対する債務（負債・借金）がたまっていた。こうした累積する貿易赤字と対外債務に対処するため，日露戦争後には政府が財政を緊縮しつつ増税を継続しており，日本経済は不況におちいっていた。

ところが 1914 年，ヨーロッパで第１次世界大戦が勃発すると，日本経済は好景気（大戦景気と呼ぶ）を迎えて不況を脱した。

輸出が急増して輸出超過へ転じたことが最大の要因であった。第一に，総力戦をくり広げたヨーロッパ諸国がアジア市場から後退せざるを得なくなったため，中国などアジア市場向けに綿織物などの輸出が拡大し，綿織物業や，原材料の綿糸を製造する紡績業が生産を拡大した。第二に，戦争景気のアメリカ向けの生糸輸出が拡大し，製糸業も生産を拡大した。第三に，イギリスやロシアなどに向けて軍需品の輸出が増えたうえ，ヨーロッパ（特に交戦国のドイツ）から機械や薬品・肥料など重化学工業製品の輸入がとまったため，重化学工業が発展した。なかでも，世界的な船舶不足を背景として造船業が生産を拡大した。さらに，水力発電を中心とする電力業が発展して工場の動力源が蒸気機関から電気へと転換し，工業生産の拡大を支えた。こうした結果，1919 年に工業生産額が初めて農業生産額を上回り，日本はようやく農業国から工業国へと転じた。

他方，ヨーロッパ諸国の後退は中国でも好景気をもたらして紡績業が発展し，日本から中国向けの綿糸輸出は減退した。そのため，日本の紡績会社のなかには中国に投資し，上海や青島などに紡績工場（在華紡と呼ぶ）を設立し，中国現地で綿糸生産を行う動きが広がり始めた。西原借款という政府による中国段祺瑞政権への資金提供も行われた。こうした外国への投資を資本輸出と呼ぶ。この結果，中国に対する債権のほうが，欧米諸国に対する債務を金額で上回る状態となり，日本は債務国から債権国へと転換した。

> **第１次世界大戦勃発にともなう日本経済の変化**
> ◦ 好景気（大戦景気）となり不況を脱出
>   → 工業生産額が農業生産額を上回る＝農業国から工業国へ成長
> ◦ 中国への資本輸出が増加　→　債務国から債権国へ転換

この設問は字数が 30 字程度ときわめて短いため，変化が問われているとはいえビフォアにふれる余裕がない。そのため，アフターだけを書くことになる。

【解答例】

> 好景気が生じて工業国に転じ，資本輸出が増えて債権国に転じた。（30 字）

問 4　都市大衆社会の形成

設問の要求
　時　期：1920 年代
　テーマ：都市部でどのような生活様式の変化がみられたか

　1920 年代から 30 年代にかけて，東京・横浜，大阪・神戸などの大都市では人口・領域・景観などの面でさまざまな変化が進んだ。これを都市化と呼ぶ。

　第一に，人口が増加した。まず，大戦景気以降，工業生産が増大するのにともなって工場で働く労働者が増加し，なかでも重工業が発展したことで男性労働者が増加した。さらに，商社や銀行などで働くサラリーマンが増え，彼らは新中間層（都市中間層）と呼ばれた。タイピストや電話交換手などとして働く，高等女学校などを出た女性も増え，彼女らは職業婦人と呼ばれた。

　第二に，都市の市街地が郊外へと広がった。私鉄を中心として郊外電車が発達して都心部とを結び，鉄道沿線に新しく住宅地が造成された。特に東京近郊では 1923 年の関東大震災後，復興策として住宅供給事業が盛んとなった。こうした新興住宅地には，サラリーマン向けの和洋折衷の一戸建て木造住宅（文化住宅と呼ぶ）が立ち並んだ。

　第三に，景観の洋風化・近代化が進んだ。都心では鉄筋コンクリート造のオフィス・ビルが増え，郊外電車のターミナル駅には百貨店（デパート）が立てられ始めた。住宅建築でも，郊外の文化住宅だけでなく，都心部では鉄筋コンクリート造の集合住宅であるアパートが増加した。

　新しい生活様式も広がった。電灯が農村部も含めて一般家庭に普及し，水道やガスの供給も進んだ。服装では洋服を着る人々が増え，繁華街ではモボ（モダンボーイ）やモガ（モダンガール）が自由気ままに行動した。食生活ではカレーライスなどの洋食が普及し，家族がちゃぶ台を囲んで一緒に食事をする一家団らんの家庭生活が広がった。こうしたなかで大衆文化が発達した。新聞・雑誌やラジオ放送，映画（活動写真とも呼ぶ），レコードなど，同一の情報を一挙に大量の人間に伝達することを可能とするマスメディアの発達を基礎としてポップ・カルチャーが広まった。

　これらの内容のうち，日常生活に関連することがらを抜き出すと，次のように整理できる。衣・食・住の各側面に目配りして答案を構成したい。

新しい生活様式＝サラリーマンを中心に広がる
　◦衣：洋服が普及
　◦食：洋食が普及，ちゃぶ台を囲んで一家団らんを楽しむ
　◦住：郊外の文化住宅や都心部のアパートに住む
　　　　電気（電灯）やガス，水道を使う

【解答例】

　サラリーマンを中心として郊外の文化住宅に住み，電気やガスを使う生活が広がり，洋服や洋食が普及した。（49 字）

問1　政党の成長

> **設問の要求**
>
> 　時　期：（書かれていないが明治期〜昭和戦前期，1890 年代〜 1940 年代前半）
>
> 　テーマ：政府にとっても政党の協力をとりつけることが必要だった理由
>
> 　条　件：大日本帝国憲法で規定された内閣と議会の関係をふまえる

　大日本帝国憲法で規定された内閣と議会（帝国議会）については，すでに 22 講の問 2 と問 3 で確認した通りである。

　内閣…天皇を輔弼　→　国政の協議・決定に関与
　議会…非公選の貴族院，公選制の衆議院の二院により構成
　　　　天皇を協賛　→　予算案や法律案を審議・承認（なかでも予算案は衆議院が先に審議）

　次に，政党や政府とは何か，定義を確認しておこう。

　政党は，共通の政治意見を持つ人々が政策の実現をめざして組織した団体で，たとえば，1890年に帝国議会が開設されたころでは，（立憲）自由党や立憲改進党があった。これらの政党の人々は衆議院議員総選挙を通じ，議会のうち衆議院に議席を持っていた。一方，政府は内閣とそのもとで行政を実行する組織（省庁）を含めた表現だが，内閣と同義で使われることも多い。

　では，議会に勢力を持つ政党と政府（内閣）との関係に移ろう。

　その際，念頭におきたいのは，政府が政策を実行するにあたって予算と法律が必要だったことである。この点を考慮すれば，政府が政策を実行するにあたり議会の同意が必要であったことがわかる。もちろん，議会が予算案を否決しても政府は前年度予算を実施することができるなど，多くの制限が憲法で定められていた。しかし，日清戦争後のように，軍備拡張や産業振興のために予算額を増やそうとすれば議会の同意が必要であった。さらに，地租などの増税を図るには法律で定めることが必要であり，ここでも議会の同意が必要であった。

　こうした事情から政府は政党，とりわけ衆議院で多数の議席を占める有力な政党の協力をとりつけることが必要であった。1889 年，大日本帝国憲法の発布に際して黒田清隆首相が，政府は政党に左右されないとする超然主義の政治姿勢を表明していたものの，その姿勢を維持することが困難だったのは当然だったといえる。

　予算や法律の成立には議会の同意（協賛・承認）が必要
　→　衆議院の有力政党が政府に対して発言力を持つ

【解答例】

> 　予算や法律の成立には議会の同意が必要で，衆議院の有力政党が政治的発言力を持った。
>
> 　　　　　　　　　　　　　　　　　　　　　　　　　　　　　　　　　（40 字）

問2　軍部大臣現役武官制

> **設問の要求**
> 　時　期：(書かれていないが日清戦争後，第2次山県有朋内閣の時)
> 　テーマ：軍部大臣現役武官制はどのような制度か
> 　　　　　①いつ，②どの内閣のもとで，③どのような目的を持って法制化されたか

　軍部大臣現役武官制は，軍部大臣つまり陸軍・海軍大臣（陸海相）を現役の大将・中将に限る制度である。

内容：陸海軍大臣を現役の大将・中将に限る

　この制度は，日清戦争後の1900年，第2次山県有朋内閣のもとで法制化された。

　このうち，「いつ」をもう少し具体化したい。言い換えれば，どのような政治情勢を背景として制定されたのか，説明したい。

　日清戦争後，政府は軍備拡張や産業振興を図るために予算規模の増額をめざし，衆議院の有力な政党と提携したため，次第に政党の政治的な発言力が強まった。そうしたなか，1898年に第3次伊藤博文内閣が地租増徴案を議会に提出すると，反対する自由党と進歩党が合同して憲政党を結成し，衆議院で絶対多数を占めた。その結果，伊藤内閣は総辞職に追い込まれ，代わって憲政党を基盤として第1次大隈重信内閣が成立した。この内閣は，憲政党の中心人物（実質的な党首）を首相とし，陸海相以外，つまり閣僚の過半を憲政党員で占めた，初めての政党内閣であった。この内閣が与党憲政党の分裂により総辞職したあとに成立したのが，第2次山県内閣であった。

　つまり，日清戦争後，予算案の審議などを通じて政党が影響力を増大させ，政党内閣が初めて成立したという政治情勢が背景にあった。

　こうしたなかで第2次山県内閣は，1900年に軍部大臣現役武官制を法制化した。同年に治安警察法を制定し，現役軍人が政党など政事結社に加入することを引き続き禁じたことも合わせて考えれば，政党の影響力が陸海軍におよぶのを防ぐこと，言い換えれば，政党が内閣に影響力を持とうとも陸海軍だけは政党からの超然性を確保することが，この制度のねらいだったと判断できる。

いつ，どの内閣のもとで，なぜ法制化されたか
- いつ：日清戦争後，政党が影響力を増大＝初の政党内閣が登場したあと
- 第2次山県有朋内閣のもと
- 目的：政党の影響力が陸海軍におよぶことを防ぐ

　こうして軍部大臣現役武官制が導入された結果，陸海軍が大臣を出さなければ内閣は成り立たなくなり，陸海軍の政治的な発言力が増した。そのため，第2次西園寺公望内閣のように，陸相の単独辞職後に後任を得られず，総辞職に至るケースが生じた。

【解答例】
> 軍部大臣現役武官制とは陸海軍大臣の任用を現役の大将・中将に限る制度である。日清戦争後，政党が政治的発言力を増大させ初めて政党内閣が成立するという政治情勢を背景として，政党の影響力が陸海軍におよぶことを防ぐため，第2次山県有朋内閣が法制化した。（121字）

問3　政党政治の発展にとっての障害

> **設問の要求**
> 　時　期：大日本帝国憲法の時代（1880 年代末〜 1940 年代半ば）
> 　テーマ：内閣総理大臣で，国政選挙で議員になった経歴を持つ者がわずかであった理由

　現在の日本国憲法では，内閣総理大臣（首相）は国会議員のなかから選ばれ，国会がその議決に基づいて指名すると定められている。そのため，首相はすべて国政選挙で議員になった人々である。
　このことをふまえれば，首相の任用・選定の方法を確認することが必要だと判断できる。
　22 講の問 2 ですでに確認した通り，大日本帝国憲法には国務大臣の規定しかなく，首相は憲法上，国務大臣のひとりとして任命された。そのうえ，国務大臣の任用・選定については規定されていない。したがって，国政選挙で選ばれた議員（大日本帝国憲法の時代であれば衆議院議員のみ）であることは，首相に任用される際の不可欠な資格ではなかった。

> **首相の任用・選定の方法＝大日本帝国憲法には規定がない**
> **→ 国政選挙で選ばれた議員が首相に任用されるとは限らない**

　では，首相はどのように選定され，どのような人物が任用されたのか。
　内閣制度が 1885 年に創設されて以降しばらくは，薩長藩閥間のバランスを考慮し，薩摩閥と長州閥から交互に首相が選ばれていた。ところが，議会が開設されて政党の発言力が増大するなか，日清戦争後まもなく，藩閥の最有力政治家が天皇を非公式に補佐し，後継首相の選定・推薦などを協議することが慣例として定着した。協議に関わった最有力政治家は元老と呼ばれ，当初は長州閥の伊藤博文・山県有朋・井上馨，薩摩閥の黒田清隆・松方正義・西郷従道・大山巌の 7 名で，のち大正期に公家出身の西園寺公望が加わった（なお，桂太郎を元老に含める考え方もある）。
　こうした元老たちの協議に基づいて首相候補者が選定され，その推挙に基づいて天皇が首相を任じた。そのため，政党が発言力を増大させても，政党の党首は元老たちの信任・承認がなければ首相に就任することはなかった。

> **首相の選定＝藩閥の最有力政治家である元老が協議**
> **→ 元老たちの信任があってはじめて首相に選定・任用される**

　見方を変えれば，政党の党首が衆議院議員である必要はなかった。実際，衆議院議員で首相に任じられたのは 1918 年，立憲政友会の原敬が最初であり，それ以降，立憲民政党の浜口雄幸と立憲政友会の犬養毅だけであった。なお，やや細かいことだが，設問で示されている高橋是清と加藤高明は首相在任時，衆議院議員ではなかった。

【解答例】

> 大日本帝国憲法には内閣総理大臣の任用資格や選定方法が規定されておらず，選定には藩閥の最有力政治家である元老が関わるのが慣例であった。そのため，国政選挙で選ばれた議員が内閣総理大臣に選ばれるとは限らなかった。（103 字）

問4　政党政治とその崩壊

> **設問の要求**
> 　時　期：（書かれていないが 1930 年代前半）
> 　テーマ：五・一五事件によってもたらされた内閣のあり方の変化

　「変化」が問われているので，五・一五事件を境としてビフォアとアフターの違いを考えたい。

　ビフォアについては，設問で「護憲三派内閣の成立から続いてきた日本の内閣のあり方」と説明されている。この時期は政党内閣が慣行として続き，憲政会（のち立憲民政党）と立憲政友会という２つの有力政党が政権交代をくり返していた。政党内閣とは，政党の党首が首相に就任し，閣僚の過半を政党員で占めた内閣である。この時期に２大政党が交互に内閣を組織し続けたのは，元老西園寺公望の調整による。元老西園寺は，首相が死去，あるいは重傷を負って首相を続けられなくなった場合は同じ政党で内閣を継承させ（たとえば第１次・第２次若槻内閣），政策の失敗から内閣が総辞職した場合は衆議院の第２党に内閣をゆだねた（たとえば田中内閣や浜口内閣，犬養内閣）。

　このように元老の調整によって衆議院の有力政党が組織する政党内閣が慣行として続いていた。

> **護憲三派内閣の成立から続いてきた内閣のあり方**
> ◦慣行として政党内閣が続く＝元老の調整によって衆議院の有力政党が内閣を組織

　次に，五・一五事件を確認したい。この事件は 1932 年，海軍青年将校らが首相官邸を襲撃し，犬養毅首相を射殺したテロ事件である。

　「憲政の常道」期は，金融恐慌・昭和恐慌と恐慌が続いたうえ，汚職・疑獄事件もあり，政党への信頼が次第に弱まっていた。そのうえ，1930 年のロンドン海軍軍備制限（軍縮）条約をめぐって統帥権干犯問題が生じて以降，国内では陸海軍軍人により政党内閣を打倒して国家の改造をめざす動きが進んでいた。満洲（中国東北部）では 1931 年９月に関東軍が満洲事変を引きおこし，内閣の意向・政策を無視して独自に軍事行動を展開していた。こうしたなかで 1932 年，五・一五事件が発生した。

　最後に，アフターについてである。

　五・一五事件によって犬養内閣が総辞職すると，元老西園寺は内大臣らの意見をふまえ，政党の党首ではなく，英米協調派（穏健派）の海軍軍人斎藤実を後継首相に選んだ。この結果，護憲三派内閣の成立から続いていた政党内閣の慣行が終わり，代わって穏健派の軍人を首相とし，有力政党である立憲政友会・立憲民政党のどちらからも閣僚を出すという，官僚と政党員による挙国一致のかたちで内閣が成立した。以後，敗戦後に至るまで政党の党首が首相に選ばれることはなく，政党内閣は復活しなかった。

> **五・一五事件がもたらした変化：政党内閣の慣行が終わる**

【解答例】

> 衆議院の有力政党が組閣する政党内閣の慣行が五・一五事件をきっかけとして終わった。（40字）

問1　金輸出解禁

> **設問の要求**
> 　時　期：（書かれていないが1930年）
> 　テーマ：金解禁（金輸出解禁）を実施したねらい

　金解禁（金輸出解禁）は，金輸出の禁止を解除し，国際金本位制に復帰することである。国際金本位制に復帰すると外国為替相場が安定する。日本にとっては，イギリスやアメリカが主導する国際社会のなかで円の国際信用が安定し，自由で安定した貿易と資本輸入が実現することを意味した。

> **金解禁（金輸出解禁）により実現すること＝ねらい（その1）**
> ・国際金本位制に復帰＝円為替相場が安定　→　円の国際信用が安定

　もともと日本は1897年，金本位制を確立していたが，第1次世界大戦中の1917年，アメリカにならって金輸出を禁止した。大戦が終結すると，アメリカを中心として国際金本位制を再建しようとする動きが進んだものの，日本は復帰が遅れた。1920年代は不況が長く続いたからであった。

　日本経済は大戦景気のもとで急成長したものの，大戦が終結してヨーロッパ諸国の復興が進み，国際競争が復活すると，景気が後退した。さらに1923年，関東大震災により打撃を受け，不況が続いた。震災後の復興事業が進むと輸入が増大する一方，中国の日貨排斥（日本商品のボイコット運動）もあって輸出が減退し，輸入超過が拡大した。そのため，金輸出禁止が続くなか，円為替相場は動揺と下落をくり返した。

100円で何ドルになるか（各年の最高値と最低値）
金輸出禁止　金輸出解禁
円為替相場が動揺と下落をくり返す
平価：100円＝49.845ドル

　こうしたなか，浜口雄幸内閣（井上準之助蔵相）が1930年1月に金解禁（金輸出解禁）を実施し，国際金本位制に復帰して円為替相場を安定させた。

　その際，当時の円為替相場の水準（新平価と呼ぶ）ではなく，あえて1917年以前の水準（旧平価と呼ぶ）で解禁して実質的な円切上げを行い，円高状態とした。円高で輸出が減退し，輸入が促進されると，不況がより進んで深刻なデフレにおちいり，経営が苦しくなる企業も出る。このような環境をあえてつくり出すことにより，国際競争に対応できるよう企業の経営改善，産業合理化を促し，経済界の整理を進めて日本経済を再生させることを意図した。

> **旧平価での金解禁により実現すること＝ねらい（その2）**
> ・実質的な円切上げ　→　経済界の整理（産業合理化）を促す

【解答例】

> 国際金本位制に復帰することで円為替相場を安定させるとともに，実質的な円切上げを行うことで経済界の整理を促進しようとした。（60字）

問2　金輸出再禁止

設問の要求
　時　期：（書かれていないが 1930 年代前半）
　テーマ：①高橋是清蔵相が通貨制度に対してとった措置
　　　　　②その経済効果
　条　件：3 つの指定語句を使用する（輸出・円為替・金輸出）

　1930 年 1 月に実施された金解禁（金輸出解禁）にともなって深刻な不況が生じたうえ，1929 年にアメリカで景気後退が始まり，それが世界恐慌へ発展しつつあったことが重なり，日本経済は1930 年から昭和恐慌におちいった。こうしたなか，1931 年 12 月に犬養毅内閣が成立すると，蔵相（大蔵大臣）に就任した高橋是清は，ただちに金輸出再禁止を実施し，円の金兌換も停止して金本位制を離脱した。この結果，円為替相場が変動制となって円安が進む一方，金準備高にかかわらず通貨量を調節できる管理通貨制度に移行した。

高橋蔵相が犬養内閣成立とともにとった政策
・金輸出再禁止を実施 → 円為替相場が変動制へ
・円の金兌換を停止 → 金本位制を離脱＝管理通貨制度へ移行

100 円で何ドルになるか
（各年の最高値と最低値）

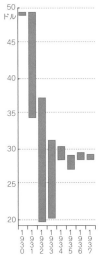

　こうしたなかで高橋蔵相が昭和恐慌から脱出するためにとった政策は，次のように整理できる。

高橋蔵相の恐慌脱出策
・円為替相場の下落（円安）を容認 → 輸出の増進を図る
・日本銀行による引受けのかたちで赤字国債を発行して財源を確保
　軍事費など財政支出を増大＝積極政策 → 政府が需要をつくりだす

　これらの政策の結果，昭和恐慌のもとで産業合理化が進んだ綿織物業を中心として輸出が増加するとともに，軍需を中心として重化学工業が生産を拡大し，日本経済は 1933 年には世界に先がけて恐慌から脱出した。
　最後に，指定語句を参照し，これらの政策とその結果（経済効果）のうち，どこに焦点をしぼり込めばよいかを見定めたい。字数が少なく，指定語句に「円為替」「輸出」があるので，金輸出再禁止による円為替相場の下落が輸出の増大につながった点に焦点をしぼりたい。

措置：金輸出再禁止を実施
経済効果：円為替相場の下落にともない輸出が増加

　なお，「高橋是清蔵相」は設問文に明記されているので，「高橋蔵相」などと略記してよい。

【解答例】

高橋蔵相は金輸出再禁止を実施した。その結果，円為替相場が下落して輸出が増大した。（40字）

問3　満洲事変と国際連盟脱退

> **設問の要求**
> 　時　期：1930 年代
> 　テーマ：日本が国際連盟を脱退した理由

　理由が問われたとき，背景と目的の両面に目配りしたい。もちろん，持っている知識ではどちらかしか説明できないケースがあり，その場合は片方だけで答案を構成すればよい。

　日本が国際連盟からの脱退を通告したのは 1933 年，満洲事変に際してのことで，1935 年に発効した。そこで，満洲事変に際して日本がなぜ脱退を通告したのか，まずは背景を考えていこう。

　満洲事変は，関東軍が 1931 年から 33 年にかけて満洲（中国東北部）で展開した軍事行動である。関東軍は 1931 年，満鉄（南満洲鉄道）線路をみずから爆破した柳条湖事件を中国側の攻撃といつわり，自衛と称して軍事行動を開始した。第 2 次若槻礼次郎内閣の不拡大方針を無視して満洲全域にわたって主要都市を占領下におき，1932 年には犬養毅内閣の意向を無視して満洲国を建国した。

　満洲事変＝関東軍の軍事行動
　　。柳条湖事件で軍事行動を開始 → 満洲全域にわたって軍事占領 → 満洲国を建国

　中国国民政府は，中国共産党との内戦を優先して軍事的には抵抗しない姿勢をとる一方，柳条湖事件の直後に国際連盟に提訴した。これをうけて国際連盟は 1931 年末，調査団（リットン調査団）の派遣を決定し，翌 32 年に日本や中国に派遣して調査を行わせ，報告書を作成させた。報告書は，日本が南満洲に持つ権益を尊重し，満洲を列国の国際管理下におくことを提案するなど日本に妥協的な内容であった。しかし，関東軍による柳条湖事件以降の軍事行動と満洲占領を自衛とは認定せず，満洲国は現地の人々が自発的に建国したものではなく日本の傀儡であると認定した。

　斎藤実内閣は，こうした報告書の内容を事前につかみながらも，報告書が公表される前に日満議定書を結んで満洲国を承認した。一方，1933 年に開かれた国際連盟の臨時総会では，関東軍が新たに熱河省への侵攻を始めるなかで，リットン調査団の報告書に基づいて満洲国承認の撤回などを求める対日勧告案が採択された。これをうけて，斎藤内閣は国際連盟からの脱退を通告した。

> **国際連盟脱退へ至る経緯**
> 　。国際連盟がリットン調査団を派遣
> 　　→ 日本軍の軍事行動と満洲占領，満洲国の建国をいずれも不当と認定

　ところで，日本が国際連盟を脱退した目的は何だったのか。

　熱河省への侵攻が国際連盟による経済制裁につながる可能性があったため，それを避けるために脱退を通告したとされる。しかし，これは細かい知識なので答案に書き込む必要はない。

【解答例】

> 関東軍による満洲全域の軍事占領と満洲国の建国を国際連盟が認めなかったため。（37 字）

問1　日中戦争と東亜新秩序

> **設問の要求**
> 　時　期：（書かれていないが日中戦争期・1930 年代後半）
> 　テーマ：東亜新秩序建設の理念と実態
> 　条　件：3 つの指定語句を使用する（汪兆銘・蔣介石・防共）

　東亜新秩序の建設は，日中戦争が長期化するなか，第 1 次近衛文麿内閣が声明した。

　そこで，まず日中戦争が始まった経緯を確認したい。日中戦争は，日本軍が 1935 年から華北分離工作を進めるなかで生じた。国民政府のもとでの中国統一を日本軍が嫌い，北京周辺の華北地域を実質的な支配下におき，資源や市場，そしてソ連に対抗する拠点を確保することをめざしたのに対し，中国では抗日運動が高まった。1936 年末に西安事件が起こり，国民政府と中国共産党が一致して日本に対抗する方向が定まった。そうしたなかで 1937 年 7 月，北京郊外で盧溝橋事件が起こったことをきっかけとして日中戦争が始まった。

　続いて，日中戦争が長期化した経緯である。日本軍が 1937 年末に首都南京を占領すると，翌 38 年 1 月，第 1 次近衛内閣は「国民政府ヲ対手トセス」と声明し，国民政府との外交交渉による和平の可能性を閉ざし，日本に協力する親日派勢力を育成する方針を示した。しかし，国民政府は首都を重慶に移し，抗日民族統一戦線のもと，中国共産党と提携しながら徹底的に抗戦した。そのため，日本軍は中国を軍事制圧するには至らず，短期終結の見通しが立たなくなった。

　こうしたなかで第 1 次近衛内閣は 1938 年 11 月，日本の戦争目的は日本・満洲国・中国の 3 国の連帯による東亜新秩序の建設であると発表した。共同防共（共同してソ連など共産主義運動の拡大を防ぐこと）・経済提携・善隣友好をかかげ，国民政府内部から日本への協力者をひっぱり出して親日派政府を樹立させ，日本の実質的な支配下において戦争の終結を図ることがねらいであった。これに応えて重慶を脱出したのが，国民政府で蔣介石と並ぶ実力者で，共産党との提携に疑問をいだいていた汪兆銘であった。

　以上を整理すると，次のようになる。

> **東亜新秩序の建設**
> ・背景：重慶で蔣介石の国民政府が抗戦を続け，日中戦争が終結の見通しを失う
> ・理念：日本・満洲国・中国の連帯，共同防共，経済提携などをかかげる
> ・実態：汪兆銘を中心に傀儡政権（親日派政府）を樹立させて日本の実質的な支配下におく

　しかし，汪兆銘を中心とした傀儡政権づくりは難航し，ようやく 1940 年に至って南京に新しい国民政府が樹立された。日本は日華基本条約を結んで承認したが，国際的な支持は広がらなかった。

【解答例】

> 東亜新秩序は日本・満洲国・中国の連帯，共同防共，経済提携などを実現することを理念とした。実態は，重慶を拠点に蔣介石の国民政府が抗戦を続け，終結の見通しを失った日中戦争を早期に解決するため，汪兆銘を中心とする傀儡政権をつくろうとする政策であった。（122 字）

問2　日中戦争の東南アジアへの拡大

> ### 設問の要求
> 　時　期：（書かれていないが第２次世界大戦の勃発後・1940年頃）
> 　テーマ：①アメリカやイギリスがある政府（政権）に支援活動を行った背景
> 　　　　　②東南アジアのある地域への日本軍派遣の目的

　当時，アメリカやイギリスは蔣介石を中心とする重慶の中国国民政府（蔣介石政権）に軍事物資を支援していた。フランス領インドシナなどを経由したもので，物資搬入路を援蔣ルートと呼ぶ。

　アメリカやイギリスが蔣介石政権への支援を本格化したきっかけは，日中戦争が長期化するなか，日本が東亜新秩序の建設にのり出したことである。これに対してアメリカは，中国の主権尊重・領土保全・門戸開放などを定めた九カ国条約を軸とする従来の東アジア秩序への本格的な挑戦とみなした。そこで，1939年に日米通商航海条約の廃棄を通告し，日本への経済制裁を準備し始めるとともに，蔣介石政権への支援活動を本格化させた。イギリスもこの動きに同調した。

> ### アメリカ・イギリスがある政府（政権）を支援した背景
> ◦ある政府（政権）＝中国の蔣介石政権
> ◦背景：日中戦争のなかで日本が東亜新秩序の建設を進めたこと＝九カ国条約の否定

　一方，日本が東南アジアで最初に軍を進めた地域は，フランス領インドシナの北部地域（北部仏印）である。1940年，第２次近衛文麿内閣のもとで実施された。援蔣ルートの１つであるフランス領インドシナを経由する搬入路を遮断し，重慶の蔣介石政権を追い詰めることが目的であった。

　ところで，設問文では「ある政府（政権）に対する支援活動に対抗する目的もあった」と書いてある点に注目したい。この表現は，援蔣ルートの遮断以外にも目的があることを示している。

　注目したいのは，アメリカが日本への経済制裁を準備し始めた点である。日本経済が昭和恐慌から脱出するなか，重化学工業が成長するのにともない，日本は輸入面では石油やくず鉄，機械などをアメリカに強く依存するようになった。そのため，アメリカが経済制裁を始めると軍需物資を確保することが難しくなる。そこで，第２次世界大戦のなかヨーロッパでドイツが優勢であることを利用し，ドイツとの結びつきを強めつつ欧米諸国が植民地を持つ東南アジアに進出（南進）し，石油など重要資源を確保しようした。北部仏印への進駐はこうした南進の第一歩であった。

> ### ある地域への日本軍派遣の目的
> ◦ある地域＝北部仏印（フランス領インドシナの北部地域）
> ◦目的：①重慶への援蔣ルートを遮断，②重要資源の確保に向けた南進の足がかり

【解答例】

> 　東亜新秩序声明に反発したアメリカやイギリスが蔣介石政権を支援した。一方，日本は北部仏印に進駐し，援蔣ルートの遮断をめざすとともに，重要資源を確保する足がかりとした。(82字)

問3　大政翼賛会とその実態

> **設問の要求**
>
> 時　期：（書かれていないが第２次近衛文麿内閣期・1940 年）
>
> テーマ：実際の大政翼賛会はどのようなものか

　近衛文麿が新体制運動を始めたのは 1940 年６月のことであった。

　当時の政府は米内光政内閣で，ヨーロッパで展開していた第２次世界大戦に不介入の方針をとってアメリカやイギリスとの対立を避けるとともに，日中戦争の解決に専念するという姿勢をとっていた。ところが，すでにアメリカが日米通商航海条約の破棄を通告し，経済制裁の準備を始める一方，南京に汪兆銘を中心とする親日派の新しい中国国民政府が樹立されたものの，戦争終結に効果はなかった。国内では国政運営は安定せず，1940 年２月には立憲民政党の衆議院議員である斎藤隆夫が，東亜新秩序声明は戦争終結の手段にならないとして，政府や軍部を批判する演説（反軍演説と呼ぶ）を行っていた。

　こうしたなか，ドイツが５月にオランダを占領し，６月にフランスを降伏させると事態が動いた。陸軍のなかではドイツとの提携を強化し，フランスやオランダの植民地がある東南アジアへ進出（南進）して日中戦争を打開しようとする主張が強まった。一方，国内では挙国一致の政治体制を整えようとする動きが進んだ。これが近衛を中心とする新体制運動である。当初はドイツのナチ党にならった政党を新しく結成し，それを基礎として強力な内閣を組織して一元的な指導体制をつくりあげる計画であった。それに対し，立憲政友会や立憲民政党，社会大衆党などの政党は，新党結成において実質的な主導権をにぎることをねらい，相次いで積極的に，あるいはやむをえず解散し，合流していった。

　７月，米内内閣が軍部大臣現役武官制を理由として総辞職し（26 講の問２を参照），近衛が第２次内閣を組織すると，新体制運動が具体化した。近衛首相を総裁とし，すべての政治勢力を含むかたちで大政翼賛会が結成された。しかし，この団体は当初の計画と異なり，政党組織（政党や政事結社）ではなく，政治とかかわらず公共の利益を目的とする公事結社であった。さまざまな団体を下部におさめ，部落会・町内会や隣組を末端に編成した行政の補助機関，官僚的な全国組織で，国民を統制し，戦争協力へと動員するため，政府の指令・統制を社会のすみずみにまで浸透させる上意下達の役割を担った。

> **当初の計画：政党を結成する**
>
> **実際：官僚的な全国組織（行政の補助機関）＝首相が総裁，末端に部落会・町内会や隣組**
>
> → **国民を統制・動員するための上意下達の役割を担う**

　答案では，「当初の計画」と異なる点を明記することにより「実際」の内容を際立たせたい。

【解答例】

> 大政翼賛会は当初計画された政党組織ではなく，首相を総裁とし，部落会・町内会や隣組を末端に編成した官僚的な全国組織であった。そのため，政府が国民を統制し戦時動員するにあたり，上意下達を実現する役割を担った。（102 字）

問1　日本国憲法下の国会

> **設問の要求**
> 時　期：（書かれていないが第2次世界大戦後）
> テーマ：日本国憲法により国会に認められた主要な権限2つ
> 条　件：大日本帝国憲法下の帝国議会には認められていなかった権限であること

まず，日本国憲法において国会がどのように規定されているのかを確認しておこう。

日本国憲法での国会に関する主な規定
- 国権の最高機関
- 国の唯一の立法機関 → 法律案や予算案は国会の議決によってのみ法律・予算となる
- 二院制：衆議院と参議院で構成 → 両議院ともに公選制
- 国民の代表機関
- 条約の締結を承認
- 首相を指名＝国会の議決（国会議員による選挙）により指名
- 議院内閣制を採用（内閣は衆議院の不信任を受けると，衆議院が解散されない限り総辞職）
- 憲法改正を発議（各議院での3分の2以上の賛成により）

次に，大日本帝国憲法において帝国議会がどのように規定されていたのかを確認したい。

大日本帝国憲法での帝国議会に関する主な規定
- 二院制：衆議院と貴族院で構成 → 衆議院のみ公選制
- 天皇による立法と予算制定を協賛（帝国議会の協賛により天皇が立法と予算制定を行う）

以上のうち，権限に関する内容に即して対比すればよい。
　そのとき，天皇が統治権を総攬する（まとめて持つ）と規定された大日本帝国憲法のもとでは，天皇が国家の最高機関であるとの解釈（天皇機関説）があり，1910年代から1930年代半ばにかけて憲法解釈の主流となっていたことを念頭におきたい。そのうえで，日本国憲法では天皇は象徴とされ，国会が国権の最高機関と規定された点に注目したい。そうすれば，日本国憲法の制定により天皇から国会へと移った権限を中心として内容をしぼり込めばよいと判断できる。具体的には次の4点を指摘することができ，設問の指定に従い，このうちの2点を説明すればよい。

日本国憲法で国会に新たに認められた権限
- 立法権（法律を制定する権限）
- 条約の締結を承認する権限
- 首相を指名する権限
- 憲法改正を発議する権限

【解答例】
> 首相を指名する権限，憲法改正を発議する権限などが認められた。（30字）
> 〔別解〕立法権を持つこと，条約の締結を承認する権限などが認められた。（30字）

問2　占領下の教育改革

> 設問の要求
>
> 　　時　　期：第2次世界大戦後の1947年
>
> 　　テーマ：戦後改革の一環として制定された法律で示された教育理念の内容
>
> 　　条　　件：戦前の教育理念と対比する

　第2次世界大戦前に教育理念を示したものは1890年に出された教育勅語（教育に関する勅語）であり，一方，第2次世界大戦後の戦後改革では教育理念を示す法律として1947年に教育基本法が制定され，それにともなって1948年，国会（衆議院・参議院）で教育勅語の排除および失効確認が決まった。

　まず，形式面での違いを確認しておこう。

　明治〜昭和戦前・戦時期には，教育に関連する政策には天皇の命令（勅令）やことば（勅語）が用いられた。1886年に定められ，学校体系の基本的な枠組みを整えた学校令（小学校令・中学校令・師範学校令・帝国大学令）は勅令であり，それらの法令は，大日本帝国憲法が制定されて立法を協賛する機関として帝国議会が開設された1890年以降も，議会の協賛が必要な法律ではなく，勅令という形式が継承された。たとえば，1900年に義務教育の無償化を定めたのは改正小学校令であり，1918年，原敬内閣のもと，帝国大学に加えて公立・私立大学や単科大学を大学として認可した法令も大学令という新たな勅令であった。つまり，教育行政に議会を関わらせないかたちをとっていた。ところが，1947年に日本国憲法が施行されて以降，教育基本法や学校教育法などのように，教育行政は国会の審議・議決によって制定される法律に基づいて行われるようになった。

　続いて，内容面での違いである。

　教育勅語は，天照大神らの神々や歴代の天皇によってつくられた国体に教育の根源があると述べたうえで，儒学（儒教）に基づく道徳などを強調するとともに，天皇の臣民として国家のために尽くし皇室の繁栄を助けることを教育理念として示した。つまり，戦前においては，天皇中心の国体観念を養うこと，忠君愛国の精神を育成することが教育理念であった。一方，1947年の教育基本法は，主権在民（国民主権）・平和主義・基本的人権の尊重を3原則とする日本国憲法の精神に基づき，個人の尊厳を重んじ，真理と平和を希求する人間の育成を教育理念としてかかげた。

> **教育理念の変化**
>
> 　戦前：教育勅語　＝天皇中心の国体観念，忠君愛国の精神の育成
>
> 　戦後：教育基本法＝個人の尊厳を尊重し，真理と平和を希求する人間の育成

　なお，教育法令の形式面（勅令か法律か）については問われていないので，教育理念の内容だけを説明すればよい。

【解答例】

> 戦前は教育勅語に基づき，臣民としての忠君愛国を教育理念とした。戦後は教育基本法を定め，個人の尊厳を重んじ，真理と平和を希求する人間の育成を理念とした。（75字）

問1　米ソ冷戦と日本の主権回復

> **設問の要求**
>
> 時　期：(書かれていないが1950年代初め)
>
> テーマ：サンフランシスコ平和条約と日米安全保障条約が同時に締結された背景

　まず，それぞれの条約の内容を簡潔に確認しておこう。

　サンフランシスコ平和条約は，日本と48カ国の連合国との間で結ばれた講和条約で，これによって連合国軍による日本の占領が終了し，日本は独立国としての主権を回復し，西側陣営に組み込まれた。特徴は，アメリカ側陣営だけとの講和つまり単独講和だった点である。最大の交戦国であった中国(中華人民共和国と台湾の中華民国とも)は招かれず，新興独立国で中立陣営のインドなどは招かれたが講和会議への参加を拒み，ソ連など東側諸国は会議に参加したが条約には調印しないなど，すべての交戦国との講和(全面講和)ではなかった。とはいえ，占領が終了したことで，アメリカを主力とする連合国軍は日本からすべて撤退することとなった。

　一方，日米安全保障条約は，極東の平和と安全のため，日本国内にアメリカ軍が駐留することを定めた。これによってアメリカは望むだけの軍隊を，望む場所に，望む期間だけ駐留させる権利を確保したものの，日本を防衛する義務は明記されていなかった。

　続いて，この両条約が同時に結ばれた背景である。

　もともと1945年，日本がポツダム宣言を受諾して降伏したことにともない，アメリカを主力とする連合国軍が日本を占領していた。当初アメリカは，日本が再びアメリカや世界平和の脅威となるのを防ぐため，日本の非軍事化・民主化を内容とする占領政策を実施していた。

　ところが，米ソ冷戦が東アジアでも激しくなると，アメリカは占領政策を転換させた。1948年，中国内戦で中国共産党が優勢になると，日本を共産主義の防壁と位置づけ，民主化よりも日本経済の自立を重視した。1950年，南北2つの国家が成立していた朝鮮半島で朝鮮戦争が勃発すると，アメリカは共産主義の防壁としての日本の戦略的価値を再認識するようになった。

　こうしたなかで1951年，サンフランシスコ平和条約と日米安全保障条約が同時に結ばれ，国会の批准を経て，翌年に発効した。

> **朝鮮戦争の勃発＝米ソ冷戦の激化**
>
> → アメリカが日本の戦略的価値(共産主義の防壁としての役割)を再認識
>
> 　○平和条約：単独講和により主権(独立)を回復させる＝西側陣営に組み込む
>
> 　○安保条約：アメリカ軍の日本駐留を継続＝軍事基地として日本を自由に利用

【解答例】

> 朝鮮戦争が起こると，アメリカは共産主義の防壁としての日本の戦略的価値を再認識した。そこで平和条約を結んで主権を回復させて西側陣営に組み込み，同時に日米安保条約を結んでアメリカ軍の日本駐留の継続を図った。(101字)

問2　一九五五年体制

> 設問の要求
>
> 　時　期：（書かれていないが 1950 年代半ば以降）
>
> 　テーマ：「55 年体制」とは何か
>
> 　条　件：3 つの指定語句を使用する（約三分の二・日本社会党・保革対立）

　55 年体制（一九五五年体制）は，保守優位のもとで保革対立が続く政治体制をいう。1955 年に革新勢力の日本社会党（社会党）が再統一して約 3 分の 1 の議席を占め，それに対抗して保守合同により自由民主党（自民党）が結成されて約 3 分の 2 の議席を占めたことで成立した。高度経済成長が続くなか，保守優位の体制が固定化して自民党が長期政権を維持し，1993 年に宮沢喜一内閣が総辞職し，細川護熙を首相とする非自民連立内閣が成立するまで続いた。

　まず，日本社会党について確認しよう。社会党は，労働組合や農民組合の指導者などによって結成された無産政党の流れをくむ政党として 1945 年に結成された。1947 年に日本国憲法のもとで初めて総選挙が行われた際，衆議院第 1 党となり，民主党・国民協同党との連立によって片山哲内閣を組織し，続く芦田均内閣でも連立与党の 1 つとなった。1951 年にサンフランシスコ平和条約が結ばれた際，その批准をめぐって全面講和・中立堅持の立場に立つ批准反対派（左派）と単独講和を支持する批准賛成派（右派）に分裂した。ところが 1950 年代半ば，国際的には朝鮮戦争が休戦し，冷戦が緩和して米ソ 2 大陣営の平和共存を求める動きが広まり，国内でアメリカ軍基地反対運動や原水爆禁止運動などの平和運動が高まるなか，1955 年，左派が優位なかたちで社会党の再統一が実現した。社会党を中心に，憲法改正とそれによる再軍備に反対する人々を革新勢力と呼んだ。

　次に，自由民主党である。昭和戦前期の立憲政友会や立憲民政党の流れをくむ政党は保守勢力と呼ばれ，第 1 次吉田茂内閣以降，次第に吉田茂を中心とする勢力とそれに対抗する勢力とに分かれて 2 つの潮流をつくった。吉田を中心とする勢力は 1950 年，自由党に集まり，一方，吉田に対抗する勢力は 1954 年，日本民主党を結成した。1955 年に社会党が再統一したときは日本民主党を与党とする鳩山一郎内閣の時代で，与党の日本民主党，そして野党の自由党と社会党の 3 党が並び立つ状態であった。こうしたなかで，社会党政権の成立を危ぶんだ財界の強い要望もあり，1955 年に日本民主党と自由党が合同し，憲法改正・再軍備をかかげる自由民主党が結成された。

55 年体制（一九五五年体制）

- 保守優位のもとでの保革対立の政治体制
- 日本社会党の再統一と自由民主党の結成（保守合同）により成立
- 保守優位＝自由民主党が約三分の二の議席 → 長期政権を維持

【解答例】

> 保守合同で成立した自由民主党が約三分の二の議席を占めて長期政権を維持し，日本社会党など革新勢力が対抗する保革対立の政治体制をいう。（65 字）

問3　国際連合加盟の実現

> **設問の要求**
>
> 時　期：（書かれていないが 1950 年代半ば）
>
> テーマ：日本の国連加盟が国連総会で認められた背景にある，サンフランシスコ平和条約以
> 　　　　後の日本の外交関係の変化

　日本の外交関係の変化が問われているので，日本をとりまく国際環境・国際情勢がサンフランシスコ平和条約締結のころと日本の国連加盟が実現したころとでは，どう違うのかを説明したい。

　まず，サンフランシスコ平和条約が締結された 1950 年代初めである。

　当時，朝鮮戦争が勃発し，米ソ冷戦が激化していた。そのなかで 1951 年にアメリカ主導の単独講和のかたちでサンフランシスコ平和条約が結ばれ，翌 52 年に日本は西側陣営の一員として独立を回復した。この平和条約には中国（中華人民共和国）やソ連など東側陣営が含まれておらず，日本とそれらの諸国とは戦争の終結しない状態が続いた。

> **サンフランシスコ平和条約締結のころ**
> 。朝鮮戦争が勃発＝米ソ冷戦（米ソ2大陣営の対立）が激化

　次に，日本の国連加盟が実現した 1950 年代半ばである。

　朝鮮戦争は 1953 年に休戦し，翌 54 年にはインドシナ戦争も停戦が実現し，米ソ2大陣営の対立を緩和する動きが進んで「雪どけ」と称された。ソ連では独裁者スターリンの没後，1956 年にフルシチョフによって米ソの平和共存が提唱された。一方，中国とインドが 1954 年に平和五原則を確認したことをきっかけに，アジアやアフリカの新興独立国の間では平和共存，反植民地主義を求める動きが強まった。たとえば，1955 年にインドネシアのバンドンでアジア＝アフリカ会議（バンドン会議）が開催された。

　こうした動きを背景として鳩山一郎内閣が東側陣営の諸国との関係改善にのり出し，1956 年，ソ連との間で日ソ共同宣言に調印し，ソ連との戦争状態を終結させて国交を正常化した。これにより国連の安全保障理事会（安保理）で日本の加盟に対して拒否権を行使してきたソ連も加盟支持にまわったため，同年，日本の国連加盟が国連総会で認められた。

> **日本の国連加盟が実現したころ**
> 。米ソ2大陣営の対立が緩和，平和共存が進む
> 　背景：スターリンの死去，朝鮮戦争の休戦，インドシナ戦争の休戦
> →日ソ共同宣言＝日ソの国交が回復：日本の国連加盟を拒否していたソ連が加盟支持へ

　平和共存が進んだ背景は，いくつかある具体例のうち，最低限1つを説明できればよい。

【解答例】

> 朝鮮戦争が休戦するなどして，米ソ2大陣営の緊張緩和と平和共存が進むと，日ソ共同宣言が結ばれて日ソの国交が回復した。これにより，日本の国連加盟を拒否していたソ連が加盟支持にまわった。（90字）

問1　日米安全保障条約の改定

> **設問の要求**
> 　時　期：1960 年
> 　テーマ：日米安全保障条約の改定における主な修正点

　1951 年に結ばれた日米安全保障条約（旧安保条約）は，アメリカ軍が日本に駐留することを規定した条約である。ところが，アメリカが日本を防衛することは義務づけられておらず，条約に有効期限がなく，大規模な内乱や騒擾が生じた際に在日アメリカ軍が日本政府の要請により出動できることを定めるなど，アメリカに有利で，日本の自主性・自立性を阻害する内容を持っていた。

日米旧安保条約＝アメリカに有利・日本の自主性（自立性）を阻害する
- アメリカ軍の駐留権のみ規定＝アメリカに日本防衛義務がない
- 条約に有効期限がない
- 内乱や騒擾に際して在日アメリカ軍が出動できる（内乱条項）

　条約が締結された当初こそ，国内では賛成する意見が強かった。しかし 1950 年代半ば以降，米ソ 2 大陣営の対立が緩和し，平和共存に向けた動きが進むと，次第に片務的で不平等だとする意見が強まった。アメリカ軍基地反対運動が展開し，第五福竜丸事件をきっかけとして原水爆禁止運動が始まるなど，左派社会党や労働組合の全国組織である総評（日本労働組合総評議会）を中心として非武装・中立をかかげる革新勢力が台頭した。

　こうしたなかで 1957 年に成立した自由民主党の岸信介内閣は，国内では社会党などの革新勢力と対決する一方，対外面では国連中心とアジア重視の立場をかかげて日本の独自性を確保しつつ，「日米新時代」を唱え，アメリカとの関係をより対等なものへと改めることをめざした。その結果，1960 年に締結されたのが日米相互協力及び安全保障条約（新安保条約）である。

日米新安保条約＝より対等性・相互協力性が強まる
- アメリカの日本防衛義務を明文化
- 在日アメリカ軍の日本と極東での軍事行動に関する事前協議制を導入
- 条約の有効期限を 10 年とする
- 内乱条項は削除

　日本がすでに自衛隊を設けていたことを前提として防衛力の増強を義務づけられ，そのうえで日本の領域を日本とアメリカが共同防衛すると定められた。

　こうした改定に対し，社会党などの革新勢力がアメリカの軍事戦略に組み込まれるとして反対運動（安保闘争）を展開した。岸内閣が衆議院で条約批准を強行採決すると，議会政治の擁護へと性格を変えつつ反対運動が高揚した。しかし，日本国憲法では衆議院の議決が優先されるため，新安保条約は参議院での議決を経ないまま自然成立し，それをうけて岸内閣は総辞職した。

【解答例】
> アメリカの日本防衛義務を明確にし，在日アメリカ軍の軍事行動に関する事前協議を定めるとともに，内乱へのアメリカ軍の出動規定を削除するなど，日米関係の対等化が進んだ。(81 字)

問2　沖縄の日本復帰

> **設問の要求**
> 　時　期：佐藤栄作内閣の時代（1960年代後半～1970年代初め）
> 　テーマ：沖縄の地位がどのように変化したのか

　沖縄はアジア太平洋戦争の末期に地上戦（沖縄戦と呼ぶ）がくり広げられた結果，敗戦後，日本本土とは切り離され，アメリカ軍の直接統治（直接軍政）のもとにおかれた。こうした経緯から，サンフランシスコ平和条約が結ばれて日本が独立国として主権を回復した際，アメリカが沖縄の施政権を獲得し，冷戦が激化する東アジアにおける戦略拠点と位置づけて軍事基地の建設を進めた。

サンフランシスコ平和条約以降の沖縄
。アメリカが施政権を持つ＝アメリカによる統治が続く

　アメリカによる基地の建設・拡張に対して沖縄住民のなかで反発が広がり，1960年，沖縄県祖国復帰協議会が結成されて祖国復帰運動が本格化した。さらに1960年代後半，アメリカがベトナム戦争に軍事介入し，嘉手納基地など沖縄がベトナム攻撃の重要な拠点になると，ベトナム反戦運動の世界的な広まりとあいまって祖国復帰運動が高まった。これに対してアメリカは，沖縄における軍事基地の機能を安定させるために方針を転換させ，返還に応じることで事態を打開しようとした。一方，1964年に成立した佐藤栄作内閣は，「沖縄の祖国復帰が実現しない限り，日本の戦後は終わらない」という立場から沖縄返還に積極的で，日米安保体制のもと，東アジアの安全保障をめぐる責任を積極的に分担する姿勢をみせつつアメリカとの交渉を進めた。

　こうしたなかで1969年，アメリカのニクソン大統領と佐藤首相が会談して「核抜き・本土並み」での沖縄返還に合意した。その結果，1971年に沖縄返還協定が結ばれ，翌年に沖縄の日本復帰が実現した。これにともない，沖縄のアメリカ軍基地から核兵器が撤去され，国会では佐藤内閣のかかげた「（核兵器を）持たず，作らず，持ち込ませず」の非核三原則を順守することが決議された。しかし実際は，緊急時には沖縄への核兵器の持ち込み・貯蔵が日米政府間で密約されていた。そのうえで，日本本土と同じように日米安保体制が適用されて広大なアメリカ軍基地が維持され，核兵器の存在をあいまいにしたまま，沖縄は東アジアにおけるアメリカの重要な戦略拠点としての役割を担い続けている。

佐藤栄作内閣の時代
。沖縄返還協定＝沖縄の施政権がアメリカから日本へ返還　→　沖縄が日本に復帰

【解答例】

> アメリカの施政権のもとにあった沖縄は，沖縄返還協定により日本に復帰した。（36字）

問1　高度経済成長

> **設問の要求**
> 　時　期：1955 〜 73（昭和 30 〜 48）年の間
> 　テーマ：日本経済が高度成長を実現する過程における日本の産業構造の変化

　日本経済は，1950 年代半ばから 1970 年代初めにかけて実質経済成長率が対前年比で 10% 前後を記録した。こうした高度経済成長は，人々の所得水準が上昇して個人消費が増加し続けたことを背景として，企業が技術革新と設備投資を進めたことによって実現した。アメリカから先進技術が導入されて技術革新が進み，それにともなって工場設備の増設・拡充つまり設備投資が進んだ。設備投資が拡大すると資材の需要が増え，資材を生産・供給する分野での設備投資の拡大につながった。こうした「投資が投資を呼ぶ」というかたちで経済活動が活発となった。中心となったのは鉄鋼業や造船業，家電製品など耐久消費財を生産する機械製造業，そしてエネルギー資源の石炭から石油への転換にともなって新しく成長した石油化学工業であった。つまり重化学工業の諸産業である。

　こうした技術革新・設備投資によって大量生産の体制（量産体制）が整うなか，テレビ・電気冷蔵庫・電気洗濯機などの耐久消費財が人々の間に普及し，大量消費社会（大衆消費社会とも呼ぶ）が形成された。こうした変化を消費革命といい，それを支えたのがメーカーと系列販売網による大量販売のしくみであり，スーパーマーケットに代表される大型小売企業の成長であった。一方，自家用自動車が普及し，名神高速道路の建設など交通網の整備とあいまって次第に自動車が交通手段の主力となり（この動きをモータリゼーションと呼ぶ），レジャー産業も発達し，スポーツ施設や遊園地などの建設が進んだ。

　これらの動きを産業構造の視点からみると，重化学工業を中心とする工業つまり第 2 次産業や，商業，交通・レジャーといったサービス業などの第 3 次産業が成長し，第 2 次・第 3 次産業を中心とする産業構造となった，と整理することができる。

> **産業構造の変化（その 1）**
> 　。重化学工業など第 2 次産業，商業・サービス業など第 3 次産業の比重が高まる

　高度経済成長が進むのにともない，第 2 次・第 3 次産業の企業が立地する太平洋側の大都市に人口が集中した。他方，農村では人口流出が激しく，農業人口と専業農家が減少し，兼業農家，なかでも農業外収入を主とする第 2 種兼業農家の割合が増加した。こうして農業の副業化が進み，農業など第 1 次産業の比重が低下した。

> **産業構造の変化（その 2）**
> 　。農業など第 1 次産業の比重が低下する

【解答例】

> 重化学工業など第 2 次産業，商業など第 3 次産業の比重が高まり，農業など第 1 次産業の比重が低下した。（48 字）

問2　エネルギー革命

> **設問の要求**
>
> 　時　期：高度経済成長期（1960年代）
>
> 　テーマ：エネルギー産業をめぐる状況
>
> 　条　件：5つの指定語句を使用する（解雇・エネルギー革命・三池争議・斜陽化・閉山）

　高度経済成長期に中東地域から安価な原油の供給が確保されたことは，2つの点で日本経済に影響を与えた。

　1つは，エネルギー資源が石炭から石油へ転換したことである。

　エネルギー資源は動力を発生させる基となる原材料のことで，日清・日露戦争前後に産業革命が進展し，蒸気機関が普及したころは石炭が中心であった。

　ところが，第2次世界大戦後，中東地域のペルシャ湾岸でアメリカ・イギリス系の国際石油会社が原油の採掘から流通までを支配する体制をつくりあげ，安価な原油を世界に供給した。それにともない，エネルギー資源が石炭から，安価で熱効率がよく，液体で扱いやすい石油へと転換した。この転換がエネルギー革命と呼ばれた。

　その結果，国内の石炭産業は斜陽化し，各地の炭鉱はこれまで通りの経営を維持することができなくなった。そのため，炭鉱では人員整理（労働者の解雇）が相次ぎ，たとえば福岡県の三井鉱山三池炭鉱では1959年から翌年にかけて，経営者側が労働組合の指導者を中心として大量に指名解雇しようとしたことから労働争議がくり広げられた。これが三池争議である。労組側を総評（日本労働組合総評議会）が支援したものの，労組の敗北に終わる。以後，九州や北海道などで炭鉱の閉山が相次いだ。

> **エネルギー革命の進展**
>
> ・エネルギー資源が石炭から石油へ転換
>
> ・影響：石炭産業が斜陽化　→　各地の炭鉱で労働者の解雇や閉山
>
> 　　　　　　　　　　それにともない労働争議が発生（例：三池争議）

　もう1つは，石油が化学製品の主な原材料となり，石油化学工業が発展したことである。

　太平洋側を中心とした臨海地域に石油化学コンビナートが建設され，プラスチックや合成繊維（ポリエステルなど化学繊維）などの新しい化学製品がつくられた。これにともない，人々の消費生活は豊かになったものの，ばい煙（硫黄酸化物）が四日市ぜんそくのような公害問題をもたらした。

　なお，この2点めはエネルギー産業には直接関連しないため，答案でふれる必要はない。

【解答例】

> 　エネルギー革命が起こり，石炭産業は安価な石油におされて斜陽化した。三井三池炭鉱では大量解雇に反対する三池争議が起きたが労組が敗北し，以後，炭鉱の閉山が相次いだ。（80字）

問3　高度経済成長の終焉と労働運動

設問の要求

　時　期：1970 年代前半

　テーマ：労働争議が頻発した理由

　条　件：当時の経済状況という観点から説明する

　まず，労働争議が頻発する一般的な背景を確認したい。

　労働争議は，労働者が結成する労働組合がさまざまな要求について経営者と団体交渉を行うなかで，経営者側の譲歩を引き出すための交渉上の手段として行われる。労働者がいっせいに仕事場を離れるストライキ（同盟罷業とも呼ぶ）が有名だが，1948 年以降，ストライキが法的に禁止された国鉄（日本国有鉄道）など官公部門では，業務上の規則を厳格に守ることで作業の能率をあえて下げる方法（これを順法闘争と呼ぶ）がしばしば行われた。交渉の内容としては，賃金の引上げや労働時間の短縮などの労働条件，解雇反対など労働者の身分に関わるものなどがある。

　次に，当時の経済状況に即して具体的に考えていこう。

　1972 年に成立した田中角栄内閣は列島改造政策を打ち出した。具体的には，工業を地方都市に分散させ，新幹線と高速道路で結ぶことによって経済格差を解消しようという，公共土木事業を中心とした経済構想をかかげたため，開発候補地を中心に地価が上昇していた。

　それに加え，1973 年に第 4 次中東戦争が勃発すると，アラブ石油輸出国機構（OAPEC）が原油価格を引上げるとともにイスラエル支持の欧米や日本への輸出を制限したため石油危機（第 1 次）が生じ，原油価格が高騰した。安価な石油の輸入に依存して成長を続けていた日本経済は打撃を受け，翌 74 年には戦後初のマイナス成長を記録し，高度経済成長が終わった。

　1970 年代前半は，この 2 つの動きが重なり，狂乱物価と呼ばれる激しいインフレが発生した。

1970 年代前半の経済状況

- 列島改造政策　→　地価などの上昇
- 第 1 次石油危機　→　原油価格の高騰
  →　インフレが発生＝狂乱物価

　こうしたインフレを背景に労働組合は大幅賃上げを要求し，そのため，労働争議が頻発した。

狂乱物価と呼ばれるインフレ　→　賃上げを求める労働争議が頻発

　しかし，石油という原料のコストが高騰したため深刻な不況が生じており，春闘などでの労働組合の賃上げ要求は期待通りの成果をあげることができなかった。

【解答例】

列島改造政策にともなう地価の上昇に第 1 次石油危機による原油価格の高騰が重なり，狂乱物価と呼ばれるインフレが発生した。そのため，賃上げを求める労働争議が頻発した。（80 字）

問1　バブル経済とその影響

> **設問の要求**
> 時　期：1985年（プラザ合意）以降
> テーマ：経済状況の変貌の様子

　はじめに，石油危機後の日本経済の動向を確認しておこう。

　1973年の第1次石油危機によって高度経済成長が終わったものの，日本経済はすぐ景気を回復し，1979年の第2次石油危機も乗り切って安定成長をむかえた。政府が赤字国債を財源として鉄道網の整備など公共事業を増大させる一方，民間企業が人件費を徹底しておさえる減量経営を実行するとともに，省エネルギー化やME（マイクロ＝エレクトロニクス）技術の導入を進めて競争力を強化し，アメリカなどへ自動車や半導体などの輸出を激増させたことが背景であった。ところが，輸出激増はアメリカなど欧米諸国との間で貿易摩擦を招いた。その結果，1985年に先進5カ国蔵相・中央銀行総裁会議（G5）が開かれ，協調介入によりドル高の是正，円高への誘導という為替レートの調整が図られた。これをプラザ合意と呼ぶ。

　さて，問題文ではプラザ合意の経緯については説明されているものの，その影響は説明されていない。設問の要求に応えるには，ここを明確にしておく必要がある。

プラザ合意の影響＝急激な円高が進む

　では，この円高にともなって日本経済がどのように変貌したのかを確認していこう。その際，円高により輸出産業を中心として一時，不況を招いたことを念頭に考えたい。

　第一に，この環境のなかで日本企業は，アメリカやヨーロッパへの直接投資を進めて工場を設け，現地での生産を進めた。アジアなど人件費（労働者の賃金）が安い発展途上国に生産拠点の一部を移して国際分業を進める動きも広がった。この結果，日本企業の多国籍化が進むとともに，次第に製造業が国内では衰退に向かい，国内産業の空洞化が進んだ。

　第二に，輸出が不振におちいるなか，政府は内需の拡大を図った。その結果，内需を中心とした好景気が生じ，なかでも，リゾート建設を目的とした地域開発が進むなどレジャー産業が発展した。こうしたなかで地価や株価が暴騰すると，企業は多くの資金を設備投資にまわして本業で利益をあげるのではなく，土地や株式の購入に過剰なまでにつぎ込み，利益をあげようとした（これをバブル経済と呼ぶ）。この結果，産業構造では第3次産業の比重がより高まり，経済のサービス化が進んだ。

> **円高が進んだことの影響**
> ◦企業の海外への直接投資が増加＝企業の多国籍化と国内産業の空洞化が進む
> ◦内需主導の好景気＝バブル経済が発生
> 　→　第3次産業の比重が増加＝経済のサービス化が進む

【解答例】

> 円高が進むなか，対外直接投資が増大して日本企業の多国籍化と国内産業の空洞化が進む一方，バブル経済の展開により第3次産業の比重が増加し，経済のサービス化が進んだ。（80字）

問2　一九五五年体制の終焉

> **設問の要求**
> 時　期：1980 年代～ 1990 年代
> テーマ：政官財の癒着として問題となった事件と非自民連立内閣の成立とのつながり
> 条　件：①事件の具体的な例，②非自民連立内閣の概要を示す

　まず，非自民連立内閣である。これは 1993 年，日本新党や新生党，新党さきがけ，日本社会党，など非自民 8 党派の連立により成立した細川護熙内閣を指す。

非自民連立内閣の概要
・細川護熙内閣＝日本新党など非自民 8 党派の連立内閣

　連立与党については，細川首相の所属政党である日本新党を最低限，書いておきたい。
　次に，政官財の癒着として問題となった代表的な事件である。

政官財の癒着として問題となった事件（汚職事件）
・1980 年代：リクルート事件（1988 年）
・1990 年代：佐川急便事件（東京佐川急便事件，1992 年）

　リクルート事件は 1989 年，自民党の竹下登内閣の総辞職につながった。政治不信が高まるなか，同年に成立した海部俊樹内閣が政治改革を進めようとしたものの，自民党内の反発により失敗し，1991 年，宮沢喜一内閣に代わった。宮沢内閣のもとで発覚したのが佐川急便事件であり，これをきっかけの 1 つとして，政治改革の推進をめざす人々が 1993 年，自民党を離党して新党さきがけや新生党を結成した。この結果，総選挙では自民党が過半数を下回り，宮沢内閣は総辞職した。こうして成立したのが非自民連立の細川護熙内閣であり，自民党は 1955 年の結党以来はじめて政権与党の座を失った。

汚職事件から非自民連立内閣の成立に至る経緯
・政治不信の高まり
・自民党内部で政治改革をめざす動き＝自民党の分裂・新党の結成へ
・総選挙での自民党の敗北＝宮沢喜一内閣の総辞職 → 細川護熙内閣の成立

　細川内閣は 1994 年，衆議院に小選挙区比例代表並立制を導入するなど，政治改革に着手した。このことは，やがて小選挙区での選挙をにらんだ政界再編を招くこととなった。

【解答例】

> 1980 年代にリクルート事件，1990 年代に佐川急便事件が起きて政治不信が高まるなか，政治改革をめざす動きが自民党分裂と新党結成につながった。この結果，総選挙で自民党が敗れて宮沢喜一内閣が総辞職し，日本新党など非自民 8 党派の連立により細川護熙内閣が成立した。
> （125 字）

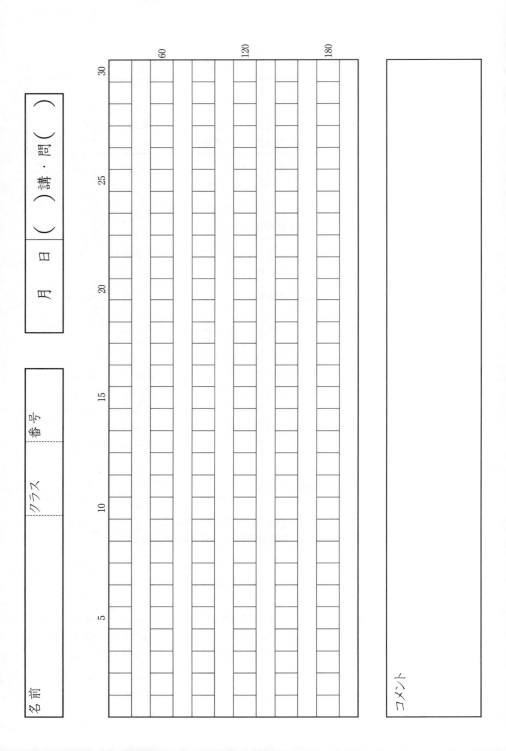

名前

クラス　番号

月　日　（　）講・問（　）

5　10　15　20　25　30

60　120　180

コメント

名前

クラス

番号

月　日　（　　）　講・問（　　）

							30
							25
							20
							15
							10
							5

60　　　120　　　180

コメント

みなさんへの感謝

　この問題集は，塚原と高橋が予備校，高校というそれぞれの現場で論述指導を行ってきた経験をもとにつくりあげました。

　とはいえ，私たちだけの力で出来上がったものではありません。

　『日本史の論点』(駿台文庫)の共同執筆者である鈴木和裕氏(駿台予備学校日本史科講師)には企画の段階で意見をいただきました。市川中学校・高等学校教諭の本川梨英氏と井岡真之介氏には完成前に原稿を読んでもらい，多くのアドバイスをいただきました。編集者の梶原一也氏には休日返上で会議に付き合っていただきました。

　また，書籍という形を取り，みなさんの手元に届くまでには，印刷・製本，配送，販売などの工程があり，そこにはさまざまな勤労者の方々が関わっています。

　こうしたすべての方々に感謝いたします。

　そして，いま手にとっている受験生のみなさん。購入してくれてありがとう。しっかり使い込み，論述問題に対応するための知識，そして考え方・書き方を身につけて下さい。その向こうに合格が待っています。

スタートアップ 日本史論述問題集
—日本史探究のために—

著　　　者	塚原哲也
	高橋哲
発　行　者	山﨑良子
印刷・製本	日経印刷株式会社
発　行　所	駿台文庫株式会社

〒101−0062　東京都千代田区神田駿河台1−7−4
小畑ビル内
TEL. 編集 03(5259)3302
販売 03(5259)3301
《①−148pp.》

ISBN978−4−7961−1835−4　Printed in Japan

駿台文庫 Web サイト
https://www.sundaibunko.jp